青年律师的进阶路　温暖彼此　相照为光

律师必备

ESSENTIAL
CORE
SKILLS

核心·技能

FOR
LAWYERS

宋静 著

法律出版社 | LAW PRESS
北京

图书在版编目(CIP)数据

律师必备核心技能 / 宋静著. -- 北京 : 法律出版社, 2023
ISBN 978 - 7 - 5197 - 8114 - 9

Ⅰ. ①律… Ⅱ. ①宋… Ⅲ. ①律师业务-基本知识 Ⅳ. ①D916.5

中国国家版本馆 CIP 数据核字(2023)第 136416 号

律师必备核心技能
LÜSHI BIBEI HEXIN JINENG

宋 静 著

策划出品 戴 奎
责任编辑 董 昱
装帧设计 汪奇峰

出版发行 法律出版社
编辑统筹 法规出版分社
责任校对 张红蕊
责任印制 耿润瑜
经 销 新华书店

开本 A5
印张 7.75 字数 232 千
版本 2023 年 8 月第 1 版
印次 2023 年 8 月第 1 次印刷
印刷 天津嘉恒印务有限公司

地址:北京市丰台区莲花池西里 7 号(100073)
网址:www.lawpress.com.cn
投稿邮箱:info@lawpress.com.cn
举报盗版邮箱:jbwq@lawpress.com.cn
销售电话:010 - 83938349
客服电话:010 - 83938350
咨询电话:010 - 63939796

书号:ISBN 978 - 7 - 5197 - 8114 - 9
定价:48.00 元
凡购买本社图书,如有印装错误,我社负责退换。电话:010 - 83938349

序言

我进入律师行业已有十余年，在这期间，我目睹了律师行业的高速发展。这是一个竞争激烈的行业，每年都有无数从法学院校毕业、从法考当中杀出重围的年轻人涌入这个行业，同时，随着科技进步与社会发展，法律领域也产生了诸多新问题、新挑战，要想在激烈的竞争中脱颖而出，需要律师们持续提升自我、精进业务能力。作为一名“半路出家”的律师，我的成长之路不同于“法学院毕业——法考——成为律师”这样一条标准的职业道路，我没有接受过“学院化”的法学教育，需要自己在纷杂的资料与信息当中做筛选，构建自己的法律知识体系。通过法考只是迈入法律行业的第一步，“纸上得来终觉浅，绝知此事要躬行”，应试与实践之间隔着数道沟壑，初期还不懂如何灵活运用法条的我在实践中经常力不从心。为了弥补这一缺陷，我把空闲时间花在研读各种法学教材与专业书籍上，加上不断总结反思，把书本上的知识用在工作当中，锻炼自己的输出能力，我的实践能力终于有了一定的提升。回想刚进入律师行业时，当时关于职业规划的网络资讯乏善可陈，我靠着自己一步一个脚印走出了一条职业之路。如今已经是一个信息爆炸的时代，各种各样的人生建议、职业指导信息纷繁复杂，反而让人徒增焦虑。我想把自己成长路上的经验与心得写出来，分享给迷茫但是憋着一股拼劲的人。

这本书的内容涵盖了律师职业的方方面面，从职业认知、职业规划、业务技能、个人技能，到品牌建立与团队管理，将律师这个职业的全貌揭示出来。每一篇文章都是我多年实践经验的结晶，每一句话都是对律师执业中具体问题的精炼回答。但是，在这篇序言中，我想分享我在律师这条道路上所做出的三次重大选择，毫不夸张地说，这些选择决定了我职业道路的走向。

第一次选择是在实习期满后。我的指导老师专注行政诉讼法，做助理时我便认真规划自己的律师职业生涯，产生了选择何种专业领域的困惑。经过多年跟随指导老师的磨练，我比较擅长行民交叉领域的纠纷解决。经过一段时间的数据调研和行业分析，我选择了疑难复杂的土地诉讼领域，下定决心成为专做行民交叉争议解决领域的诉讼律师。这一领域的律师不多，因此当我具备较强的专业能力时，就有机会成为行业的头部。

第二次选择是从法律思维到商业思维的转变。在传统律师行业中，律师的作用就是帮助客户处理法律问题，看看合同、打打官司，律师在工作中往往局限于法律思维，办案子只追求法律内容与法律形式上的尽善尽美。事实上，作为服务行业的一种，法律服务并未脱离商业的本质。我们律师除了是法律从业者之外，也是商业主体，我们的产品就是我们的法律服务。传统的诉讼和法律咨询在当前的经济环境下已经无法满足客户需求，能提供商业咨询和风险管理服务的律师逐渐成为客户们迫切需要的法律人才。

换言之，法律思维只能保证商业活动不违背法律底线，这是最低标准，而商业思维决定了商业活动最终能达到的高度。谁能更好地在工作中运用商业思维，谁就能更好地在法律服务市场中脱颖而出。意识到这一点后，我在工作之余便积极参加一些培养商业思维的课程与讲座。从这些讲座中，既能了解到国家经济发展的宏观形势，了解商业经营之道，还能够结识一些著名企业家，拓展自己的交际圈，为获取高端案源做准备。

第三次选择是借助自媒体打造个人品牌。我做律师助理之初，非常羡慕律所的合伙人，每天都有接待不完的客户。当时的我几乎每天都会思索：如何才能有这么多的客户呢？我想到可以进入商会或者律师协会拓展人脉，但是商会的会费太高，我支付不起，于是就选择了免费学习的律协等协会，我在这些场合广交朋友。过了五六年，我的身边出现了许多专注疑难土地诉讼的律师同行，有时他们会推荐客户过来。但是，我仍然感觉自己没有“出圈”，缺乏直接上门的客户。因此，我做了7年律师助理，一直不敢独立执业。

在一次课程中，我听到一位法官分享自己的写书方法论，以及如何通过书中的专业内容影响了全国各地的粉丝。那一刻，我茅塞顿开。通过写作打造个人品牌，使自己获得影响力，而这个影响力能帮助我们破圈，吸引客户上门。于是我开始通过微信公众号推送自己的作品，分享律师业务心得与法律知识的学习心得，快速积累了一批公众号粉丝，后台经常有粉丝来加我的微信咨询法律问题，我的粉丝就成了我的新客户来源。

随着互联网的发展，文字媒体的影响力逐渐弱于视频媒体，我又开始思考，如何借助短视频平台与直播的风口来打造自己的个人品牌，进一步扩大自己的影响力。我开通了短视频平台账号，开始尝试做直播。先研究抖音头部主播的内容、播出时间、播出长度、衣着打扮、内容逻辑、语句语式等，再找到自己对标的账号，继续模仿，播放、测试、复盘、调整。从自己每天写法言法语的专业文章，变成每天必须要讲大白话。用最通俗易懂的文章，深入浅出地解释每一个知识点。从各种自己无法接受的角度，来打磨抖音文案。短短 1 个月时间，粉丝就突破了 1 万人。不到 1 年的时间，我们在专业垂直细分的领域，吸引到了将近 20 万粉丝的关注。

尝到甜头后，我与自己的团队开始尝试其他平台，每个平台都有自己的用户画像，根据不同的用户群体及需求，文案必须进行相应的调整以符合用户的口味。为了进一步扩大我的 IP 影响力，我选择与孵化知识 IP 合作——博商管理科学研究院，借助专业团队的力量，我们制定了个性化的直播方案，我每周都会在固定时间直播，解答观众的法律困惑，推销自己的法律服务与法律著作。将自己的名字与“重大复杂土地诉讼”这一领域深度绑定，实现了个人品牌的“出圈”。

无论你是刚刚走进法律行业的新人，还是已经在律师行业深耕多年的老手，抑或是对律师这一职业充满好奇的学生，希望这本书能为你带来一些启示。在这个日新月异、充满变革的时代，在未来的法律行业里，我们需要的不仅仅是具备丰富法律知识的律师，更需要具备全面的技能、能够站在更高的角度看问题、具有创新思维的法律人。我们应当将成长路上的困难与挑战看作自己完成阶段性跳跃的助推器，保持对时代的敏锐感知，抓住时代机遇，在解决问题的过程中，不断丰富自己、完善自己。无论你是哪个阶段的律师，无论你正在面临怎样的困境，都请记住，你的努力绝不会被浪费。每一个挑战、每一个困难，都是你成长的垫脚石。

欢迎大家阅读此书后，与我多多交流。想要获取更多法律资讯可以关注我的公众号——福律阁土地诉讼。

祝大家在法律这条道路上越走越宽、越走越远！

目录

第二篇　获取客户技能

第三篇 个人业务技能

第一篇　职业规划技能

第一章　设定清晰的职业规划

为什么选择做律师？刚毕业的年轻人可能会回答，向往时间自由、财富自由的体面生活。辞职跨界选择做律师的人会说，为了行动自由、精神自由。每个人都想自己的职业道路平坦顺畅，实现各自的人生目标，但真正能在职场生涯做到顺风顺水、快速发展的，始终是少数人。而一些人却在时间的浪潮中浮浮沉沉，距离自己设定的目标越来越远。

实际上，人生是可以设计的，职业是可以规划的。职业是一条长期的、相对稳定的、实现梦想的路径；工作只是一步台阶，是短期、相对易变的，也可能仅仅是未来谋生的一段经历。人的一生，有两条必经之路要走，一条是工作的路，另一条是时刻向往梦想的路。当然，你必须把工作这条路走漂亮，才可以去走想走的梦想那条路。

巴尔扎克（Balzac）说过：通过辛勤工作获得财富，才是人生的大快事。

很多人工作了很多年，却依然没有取得大的成就，每天上班浑浑噩噩。有个朋友经常调侃自己，上班就是小和尚撞钟。原因在于他没有提前制订好职业规划，从事自己喜欢并擅长的工作。人生没有奋斗的方向，才把上班当成了一种负担。只有提早设定清晰的职业规划，才能更好地克服人生道路上的困难。当你把困难放在一个人一生的长度去思考，你会发现困难根本算不了什么。当你拿困难和实现自己远大目标的快乐去比较，同样发现困难真的算不了什么。提早制定职业规划，才能帮助你在竞争中脱颖而出，保持长久的战斗力，遭遇困难也不会轻言放弃。

一、职业发展需要考虑的三要素

我们需要了解一下职业发展需要考虑的三要素，即喜欢、擅长和趋势。

兴趣是最好的老师。喜欢才能坚持，只有坚守到最后，方能守得云开见月明。

擅长就是你的天赋所在。做自己擅长的事，才能事半功倍。当然，擅长也可以通过后天的训练获得。例如，专业知识、实践技能。

趋势就是抓住风口。俗话说，站在风口，猪也能飞起来。判断一件事情是不是风口，需要学习宏观经济学、微观经济学知识，才能准确判断是不是风口，进而抓住风口。在这个风口里，找到市场的空白点，你就能乘风而上。

三要素是我们制订职业规划的基本原则，最好的职业是自己喜欢并擅长，还能把握时代红利。次好的职业是自己不一定喜欢，但也不排斥，通过后天努力获得擅长某个专业领域的能力，而且把握住了时代的风口。最差的职业，可能就是未能把握住趋势的红利，后天勤奋努力，但也未实现人生目标。

二、职业发展的七个阶段

我们需要将职业规划的三大要素贯穿到人生职业发展的七个阶段。

第一阶段，求学时期。努力认识自己，选对专业和学校，提升就业竞争力。

第二阶段，初入职场。需要通过不断求职，获得生存之地。

第三阶段，职业化。通过工作能满足基本生存需要，但是为了获得更大的发展空间，选择晋升或者跳槽。

第四阶段，上升期。选定一个行业，选择一家公司或某一个领域朝着管理或专业线发展。

第五阶段，创业期。探寻人生的意义与使命，在这个过程中，你可能成为高管、专家或开始创业。

第六阶段，自我实现期。找到自己的使命，并自我实现。

第七阶段，传承自己的事业。

第一、二、三、四阶段是需要通过时间积累才能取得成果的阶段。如果从 22 岁大学毕业开始起算，每个阶段大概 3 年时间，4 个阶段就是 12 年。这 12 年，属于最基础的竞争阶段，主要依靠大量重复体力、脑力和知识技能的支撑。

第五、六阶段，属于更高一级的社会资源的竞争。每个阶段平均需要5—10年，依靠品牌、人脉、组织管理能力、核心专利等资源，你才有可能实现时间自由、财富自由、精神自由。

知道自己的职业规划会大概经历前述七个阶段，你就懂得在什么阶段应该设计什么样的事情了。

我们应该在自己体力还不错的35岁之前，最好完成从靠人到靠资源的跳跃。否则，35岁之后体力下滑，再加上养育儿女的家庭负担，太多的牵绊可能让你无法顾及自身的全面发展。特别是女性律师，还不得不尽力去平衡家庭与事业的矛盾，心理和身体的负担会更重。

三、职业发展的“灵魂五问”

我们如何才能做好自己的职业规划呢？每个人需要根据自己所处的阶段，对自己提出“灵魂五问”：

1. 你喜欢现在的工作内容，并愿意持续投入精力吗？

2. 这份工作能让你发挥优势，越干越好吗？

3. 你的工作值得干吗？

4. 你所在的行业未来5年会越来越好吗？你在行业中属于稀缺人才吗？

5. 如果当前这个工种消失了，你有能力和资源应对变化吗？你为自己抗风险的能力打几分？

回答上述问题，你需要更加深入地了解自己，最好找到相关数据并进行分析，检视自己的意愿和能力。

这是我围绕着喜欢、擅长、趋势三要素，确定的自己的第一个10 年职业规划。

如果选择做律师，也要思考上述“灵魂五问”。

第一关，你为什么喜欢做律师？你想做一个什么样的律师？很多人对律师的印象就是打官司，法庭上慷慨激昂，然后扭转乾坤，反败为胜，让人敬佩羡慕，又担心反感！很多律师也认为自己就是打官司的，觉得诉讼业务除了打官司还有什么？实际上，作为律师，为客户提供法律服务的时候，不仅只是就个案的具体事实作出分析判断，还要让客户明白，我们律师还能通过个案的得失，帮助客户纠正自己经营管理中存在的各种问题，提出风险防范的建议和解决方案，减少客户的损失，起到企业“合规官”的作用。我们不但可以帮助客户解决纠纷，而且应当担任企业经济发展的军师，用法律专长为企业的发展出谋划策、保驾护航。这才是律师职业技能的充分发挥，是律师价值所在。这个职业定位你喜欢吗？愿意全情投入吗？如果是，那恭喜你，通过第一关。

第二关，目标确定后，这份工作能让你发挥自己的优势吗？律师是一份经验型职业，越老越吃香。我们需要掌握的不仅是法律知识，还需要了解商业、人文、心理学、哲学、语言、写作、演讲、逻辑等学科知识。学习能力和沟通能力是软实力，必须进行专业学习并多多实践。保持一定的阅读量，保持一定的社交圈，是每天的必修课。你是否喜欢这样的生活？如果是，恭喜你，通过第二关。

第三关，你从事的工作值得干吗？当下，法治中国的建设如火如荼，每个行业、每个政府机关都需要法律服务，公正、法治已成为社会主义核心价值观的基本内容之一，这显然是法律服务行业的风口。

第四关，你所在的行业未来 5 年会越来越好吗？你在行业中属于稀缺人才吗？目前，律师行业的竞争是非常激烈的。截至 2022 年，全国有近 70 万名律师；预计到 2025 年，执业人数将突破 100 万人。庞大的律师人数导致律师之间、律所之间、同一家律所的同事之间存在竞争关系，竞争将无处不在。一个律师需要“人无我有、人有我精”的差异化竞争力，才有可能让自己具有不可替代的存在价值。法律越来越多、越来越细、越来越新，再加上司法判断的差异性，不要说精通所有法律，就算某一领域的法律规范可能也没有几个律师敢说自己了如指掌，对领域内的法律问题都能从容化解。因此，找到一个自己感兴趣的行业，做一名垂直细分领域的专业律师，你就能成为稀缺人才。你能坚持长期学习吗？如果能，恭喜你，通关成功。

第五关，如果当前这个工种消失了，你有能力和资源应对变化吗？你为自己抗风险的能力打几分？稻盛和夫认为，工作的目的，是提升自己的心志。孟子曰：“天将降大任于是人也，必先苦其心志，劳其筋骨……所以动心忍性，曾益其所不能。”只有通过长时间不懈地工作，磨砺出坚强的心志，才能在任何环境变化时，保持不败之地。

可是，生活中有不少人会抱怨，找不到自己喜欢的工作。其实你不喜欢某个工作的原因，可能是你并没有全身心地投入进去。工作赚的是通往幸福未来的盘缠，它的意义不仅在于吃饱饭，更在于完善人的内心。明白这个道理，你就要改变心态，倾尽全力，把眼前的事情做好，“埋头到工作中去”。

曾经有一段时间，我从事的是涉外旅游服务行业。2008 年遭遇国际金融危机，涉外旅游服务行业一蹶不振。当时，我在涉外旅游服务行业收入和经验正是蒸蒸日上的时候，遭遇这一重大打击，又不得不面临重新择业。当时考虑选择一个至少可以从事 10 年的职业，于是在新华书店翻看各类书籍，同时做各个行业的数据调查。考虑的结果是，会计、医生、老师都是可以持久发展的职业。但是会计和医生需要理科的专业背景，没法从头再学习，老师不是我喜欢的职业。最后，在书架上看到一个广告：天下第一考。心里想，如果可以通过“天下第一考”，应该可以从事至少 10 年的律师职业了吧。我选择集中全力背诵法条、熟悉真题，用了两年时间，最终高分通过了考试。由于备考非常努力、考试成绩比较理想，我报名参加的培训学校邀请我去当培训老师。

这是我亲身经历的，当一个工种受客观环境的影响或消失时，你应当积极调整心态，锻炼自己应对变化的能力。

因此，青年律师要端正心态，摆正位置。从选择律师职业时起，就要做好执业初期可能面临没有生活保障、没有案源、没有执业经验的心理准备，做好承受压力、经受磨砺的准备。律师执业是一个循序渐进、厚积薄发的过程。执业过程中，青年律师要始终抱着学习的心态，积极主动向指导律师或者同事学习请教，争取更多的机会参与案件，这样才能够学习其他律师接待当事人、商谈委托事项的方式方法。参与案件办理时，青年律师要认真分析案情，查找相关法律法规及司法解释，研究相关案件的审判观点，从最简单的案件、最烦琐的小事做起，在小案件中慢慢积累案源和办案经验。没有案源时，要耐得住寂寞，静得下心来学习提高，帮助其他律师做力所能及的工作，并主动参与到律所的其他事务中去，这样才能为自己赢得更多的锻炼机会。

实习期满后，我也面临专业领域选择的困惑。缺少当地人的熟人社交圈，该如何独立拿到案源？做助理时的指导老师专注行政诉讼法，我也开始认真思考自己的律师职业生涯。我当时同样也是运用了“灵魂五问”方法论进行了梳理。后来选择了疑难复杂土地诉讼领域，专做行民交叉争议解决领域的诉讼律师。经过多年跟随指导老师的磨炼，也比较擅长行民交叉领域的纠纷解决。这个领域需要从业者除了有一定的专业能力之外，还需要勇气，行业内少有人做，自己通过努力，就有可能在另一个赛道成为头部。

俗话说“年轻时的苦难，出钱也该买”。在每一件事情上，我们都应当充分挖掘自己所能学习到的一切。大家应当始终相信，哪怕是再小的事情，也能够从中学到点什么，帮助到自己。其实你不要太在乎第一份工作的薪水，刚刚参加工作，经验上一片空白，你必须求知若渴，汲取工作中一切可以学习到的养分，增强自己的抗风险能力。

《尚书·虞书·大禹谟》中讲：“人心惟危，道心惟微，惟精惟一，允执厥中。无稽之言勿听，弗询之谋勿庸。”当我们不再把上班当作和尚撞钟，更加努力工作后，奇迹就会发生！至今我一直记得自己接到一个案件，收到5000元律师费的时候，让我情不自禁产生了“工作太有意思了，太有趣了，简直不知如何形容才好”的感觉。慢慢地，日复一日的工作不再被当作负担，通过加倍努力工作，不知不觉中，人生就会步入良性循环。

现在我们团队已经在复杂土地诉讼行民交叉领域深耕3年有余，通过在法律培训平台分享自己的专业知识，真心希望通过自己的传播，帮助更多的青年律师尽快成长，少走弯路。

明白了上述道理，每个人回首自己的成长，就会发现如果你能在每一个重大的转折阶段，都能够提前做好未来的职业规划，把自己的人生拉伸到足够的长度，你就能抵抗所有的困难和风雨，让自己不再彷徨、不再畏惧，可以充满信心地走在梦想成真的路上。

第二章　打造个人品牌

个人品牌是什么？我们必须先了解什么是个人？什么是品牌？在打造个人品牌的过程中，才不会有那么多的困惑和失败。

什么是个人？个人有三个特点：一是真实性。人不是一个创造出来的品牌，不仅本身是活生生存在的个体，而且还是真实的存在，不可能假造。我们不可能长期在生活里扮演一个虚假的人，这意味着我们身上的每一个特点都一定是真实的。二是丰富性。丰富性是指人的切面非常多，一个人可能既喜欢吃辣又喜欢吃麻麻的川菜，每个人身上可能混合了很多互相冲突的点。三是多变性。人在不同的成长阶段都不一样。这就是人真实、丰富、多变的特点，这其中有人的优点，也有人的缺点。

什么是品牌？品牌是一种无形资产，也是竞争力。例如，走进超市买牛奶，一定会选择自己熟悉并认可的品牌，如果你想买不熟悉的商品，你也会选择自己认知范围内的品牌。此时，品牌就给你建立了天然的信任感，你可能看过它的广告，看过它的投放或者它的代言人，你认识它就是一个无形的资产。因此，品牌是具有稳定性、知名度、信誉度、价值的资产。稳定性是指长期不变，知名度是指被广而告之，信誉度是指有信用背书，价值是指能为企业创造财富，这就是品牌。

个人品牌的效应是什么?

第一是广度。品牌容易帮助你敲开每一扇门。比如说我就是罗翔老师，我今天要去与客户洽谈，对方听说是我，最起码愿意为我开一扇门，愿意跟我聊一聊，因此，罗翔老师的个人品牌使得他比其他律师更容易签约。个人品牌能够帮助拓宽业务的广度，让你轻而易举地敲开每一扇门。

第二是深度。深度就是在短时间内获得客户的信任。因为你已经有无数的成功案例背书，形成个人品牌的特性，会让大众建立对你的认知，让你获得信任的速度比别人快。

第三是速度。当你拥有超级个人品牌时，你的能力已经由市场测试完毕，客户不需要再次考察和测试，因此，你签约的速度会非常快，为你节约不少时间。

如何建立个人品牌呢？我摸索出五个步骤：精准定位、创造内容、寻找投放渠道、收集反馈、持续迭代。

一、精准定位

精准定位是基石，就是为了充分了解自己。了解自己真正的优点和可以被感知到的优点是什么，在传播的时候非常重要。例如，我最大的优点就是跨界学习，朋友圈每天发的内容，都在律师圈、商业圈、学术圈里学习和交流。我的朋友们都知道，我特别擅长运用跨界的方法解决法律问题。因此，我可以打造的人设可能是，极具商业思维的律师、解决问题能力超强的律师。后来，我发现，土地交易容易引发行政诉讼、民事诉讼、刑事诉讼，这其中会涉及法律法规、各地政策、行政处罚、股权纠纷、收并购、金融知识等，需要掌握的学科非常交叉和庞杂，特别需要拥有跨界学习的能力。经过查阅行业数据，发现深耕这个领域的律师并不多，因此，我开始在朋友圈每天转发与重大复杂土地诉讼有关的文章、视频，打造自己是一位深耕土地诉讼行民交叉的律师形象并持续传播，形成了个人品牌。

因此，找到自身的特点很重要，你可以从自己的特点出发，找到自己擅长的方向。比如，除了颜值、身材，还有资源、知识、专业、技能等。从这些方面找到自己突出的地方，找到自己与竞争对手的差异所在。我刚开始做视频的时候，因为没钱，所以也买不起太贵的道具。灯光、录音器都尽量能不买就不买。账号流量逐渐稳定了，我们才选择购买了性价比高的产品。因此，我的直播间非常真实和简陋，基本是在办公室拍摄的，背景主要是书和案卷。在全网都是高端美颜、各种神器美化虚拟背景的时候，我一如既往地呈现真实的办公室。这个差异化，反而让很多人产生了深刻的印象，也不容易被其他人模仿和取代。

二、创造内容

内容输出是打造律师个人品牌的王道，简单地说，就是写作。

这里的写作不是指法律文书的写作，而是将深奥的法律知识变成老百姓耳熟能详的文字。意识到这个问题后，我开始坚持读书，打开了视野，学会从书本中寻找解决问题的答案。开通公众号，用日更练笔养成输出的思维习惯；积极开设社群，结交新朋友，打破了过往局限的圈子拥有新圈子，不再把自己局限在那些条条框框中，更多地去挖掘新的可能性。

品牌运营时的商业写作，分享给大家六个技巧：

1. **简单表达**。能一句话说清楚的，千万不要用两句话；能一个词表达清楚的，就别用两个词。精准直接是商业写作非常重要的技巧。

2. **通俗易懂**。少用术语，尽量用大众都能听得懂的方式来表达。写作的目的是让对方看懂，而不是卖弄自己的表达。

3. **陈述准确**。尽量少用模糊词，比如，大概、也许、可能等，这些词可以小范围使用，但是如果变得很多的话，内容的确定性就会被打问号。

4. **情景代入**。在写作的过程中思考，如果对面坐着你的客户，你用什么样的方式和他沟通交流能快速打动对方，如果能进入这样的场景感，你的内容一定会更加扎实。

5. **主题明确**。一篇文章，只讲一个主题。由于篇幅有限，我们不能贪求在一篇文章里同时说清楚多个问题。如果写的问题太多，容易变得冗长，变得繁复。

6. **内容熟悉**。一定要写自己比较熟悉的内容。每个人的精力有限，在自己熟悉的领域花了大把的时间，这就是领先。如果去写陌生的东西，就很难。

三、寻找投放渠道

简单说，投放渠道就是媒介。媒介可能是你的朋友圈、微博、自媒体平台，也可能是官方媒体。这其中，个人渠道已经成为最重要的渠道了，认真经营个人平台，是经营个人品牌非常重要的一个环节。不同的投放渠道，需要匹配不同内容。最简单的方式，就是投放自己的朋友圈。例如，我每天把抖音免费咨询的土地争议问题，全部做成视频号内容——自己拍摄，一部手机、一个“剪映”App 搞定，不花钱，持续播放。朋友们一看你的朋友圈，就知道你专注土地，而土地问题最容易帮助别人建立与你交流的内容。我到底是怎么解决别人的纠纷的？我用了什么方法？我当时是怎么想的？客户原来的律师是怎么做的？我与客户的想法为什么不同？这就完全展现了你的专业功底。另外，我还在朋友圈发一些生活的内容，例如，去哪里旅游、穿什么样的衣服、说什么样的话、做什么样的事？在哪里看到你是什么样的人决定了你的品牌走向。是在中央电视台、抖音、小红书还是微博看到的？途径很重要，在哪里看的很重要，因为那个渠道的人群画像就是以后你要研究的重点。

如何让内容被更多人看到？什么样的内容有流量呢？这些文章有一些共性。一是内容有明确的价值观。你说出了别人想说但是不会说，或者开不了口的话。例如，方向对了，努力才有意义。我们没有工作和生活的分别，只有睁开眼睛和闭上眼睛的区别。二是内容对别人有帮助。因为你的内容，帮助别人解决了问题，提高了能力，拓宽了视野。例如，一个村集体占用另外一个村集体土地连续长达 20 年的，法律就支持据为己有。三是内容值得别人收藏。也许内容暂时没有什么帮助，但是深度和特点都值得别人收藏。例如，中国土地改革 70 年的过往史。

四、收集反馈

在明确定位、内容、传播渠道的排序后，你还要清楚，品牌打响后，别人的观点对你是否重要？这是一个非常重要的人生命题。因为你做出任何一个举动之后都一定会有反馈，就像你发了一个朋友圈、发了一张自拍，有人说好有人说不好，那么一些观点对你是否重要？这件事情一定要想清楚。倘若他对你重要，那么你必须依照他做出调整；倘若他对你不重要，你就坚定自己的行为。因为很多人的价值是建立在别人的评价体系上的，活在别人对他们的期望、要求、肯定里，所以他们会不断地去奋斗，以获得别人的肯定。但是，别人的肯定或别人的观点是最不稳定的一件事情，他们随时会变，所以不应该把你自己的价值系统建立在别人那里，那样会很累。你要让多少人满意才能达到你心目中能够满意的程度呢，所以不要受别人观点的影响。很多人会很容易受到别人观点的影响，因为他没有高质量的价值系统，并不能帮助你真正成为一个有魅力的人、一个有影响力的人。否则，在品牌扩散的过程中，你很容易遭受一些人的精神暴力，从而放弃。

五、持续迭代

我们的法律产品需要不断迭代和创新，但核心思想和内容是不会发生变化的。持续迭代的底层逻辑就是认知升级。我们不断地通过外观和内观去了解自己有什么能力和不足，然后去观察环境的变化，在其中找到自己的不可取代性，这就是持续迭代。例如，我之前觉得自己从事外贸销售，永远不可能成为律师。然而，生活所迫，我居然轻松做到了。这个跨界，让我突破认知，当很多人说不可能的时候，我依然无所畏惧。在专注疑难复杂土地诉讼 3 年后，受疫情影响，很多客户都有股权纠纷，特别涉及公司有重大资产，例如土地等不动产时，他们会更愿意支付高价找到更专业的律师。于是，我开始介入重大资产的股权诉讼，之后又开始学习收并购业务。这就是围绕着土地的持续迭代。

在写作的内容输出方面，也要持续迭代。例如，最初，我只是写自己的咨询内容，后来我又尝试写《土地争议行民交叉裁判规则与案例解析》，直接教客户解决问题。之后，围绕自己的胜诉案例、直播连麦的内容，进行写作。同时，我在学习行业的白皮书和数据分析的过程中，做大数据报告，分析专业问题等。这些内容，我推送到公众号、视频号、直播、社群等平台，获得了快速传播。

以上，我把个人品牌的建立过程，用最简单的方法和最基本的原则，分享给大家。简述之，主要表现为以下三个方面：

首先，改变意识。先改变自身的意识，重视个人品牌的塑造，只有自己重视了，才能拥有新的突破口。

其次，用心经营。建立自己的风格和专业，把自己当成一项事业来经营。一力降十会，如果只允许你做一件事，那就是练好基本功。就像一棵树，只要你扎得够深，你就能站得高、看得远。深度够了，高度就有了。人生有限，做好减法。全力以赴创造自己名字的价值，帮自己建立一个谁都拿不走的身份。

最后，广泛传播。通过各种平台渠道，去分享传播，极致践行，将其做到头部位置，变成自己的核心竞争力。

当你完成这些步骤后，超级个人品牌就能帮助你链接任何人，你就再也不愁案源、不愁高端客户了。

第三章　成为一个垂直细分领域的专家

著名作家池莉说："人生可做的事情很多，但实际上不知有多少聪明人，一生都没有做好一件事。"人生苦短，不可能面面俱到，即使在一个领域成为专家，也算是成功的人生了。特别是在细分领域，你只要比别人做得好那么一点，就可以迅速弯道超车，获取垄断性的收益。日本著名的企业家稻盛和夫被称为"经营之圣"，带领两家企业成为世界500强。他的管理经验总结为两个字"精进"，意思是死磕。在当今后疫情时代，经济逐渐复苏，只有死磕派①才能生存。浏览稻盛和夫几乎所有的书籍，他在书里提及最多的就是努力、努力、努力。唯有下定决心选择细分领域，死磕并努力坚持不懈地走下去，你才能成为专家，实现弯道超车。

如何找到一个有发展潜力的垂直细分领域，又

① 本书所称的死磕派是指在法律允许的范围内持之以恒努力的律师。

如何成为这个领域的专家呢？这个过程不但需要外在因素的支撑，而且更需要内在的坚持。内外结合、术业专攻，你才能脱颖而出。

一、发现自己的兴趣

万丈高楼平地起。想在垂直细分领域成为专家，我们首先要定位一个专业，可以尝试先从自己喜欢并擅长的领域入手。

兴趣是最好的老师。我们从法学院毕业进入社会，如果第一份工作能与自己的专业结合，那就可能快速上手。例如，如果你在研究生阶段选择的是知识产权专业，这些年来，人工智能、大数据、新媒体等多种新兴领域的发展突飞猛进，这对有关知识产权的立法、执法、司法都是机遇和挑战。这时候找到一个律所专注知识产权业务，而且又是你所学的专业，那么你进步的速度、未来发展的前景，都可能快速赶超同龄人。

虽然我们常说，人贵有自知之明，但发现自己的兴趣，有时并不是一件容易的事情。当然，你可以有意识地尽可能花少的时间，去尝试发现自己的兴趣，但有时，我们的兴趣可能是由一个小概率事件激发的。很小的时候，有一天我在家门口玩，一对来中国旅游的外国人经过我家门口，看到天真活泼、扎着羊角辫的小朋友，就想给我拍一张照片。当然，当时他们讲的英语我不可能听懂。他们和我妈妈通过手势比画沟通后，真的用拍立得相机给我拍了一张照片，当时看着照片相纸从相机里慢慢打印出来，我惊呆了，就想着长大后一定要学习英语。“学会英语我也要走遍天下看世界”的想法，从此扎根内心。因为热爱英语，所以从上小学开始，我一直对英语学习非常投入。直至高考填报专业，大学毕业找工作，我都只想着要做与英语专业有关的事情，从没想过学其他的。年轻时，我找到了自己喜欢的和英语有关的工作，工作热情高涨。参加工作后，每天都盼着天亮赶快工作。直到今天，仍然每天坚持背单词。我很庆幸，一开始就找到了自己喜欢并擅长的工作。

后来，自己曾经热爱的行业受制于全球经济发展的速度放缓，行业前景日渐不被看好，我也不得不重新寻找自己新的职业定位。当然，其中又经过了几次的犹豫、选择和权衡，后来发现自己对于帮助别人很有成就感，而律师行业正好可以满足自己的兴趣，所以从律师行业寻找到了自己的职业定位。

如何发现自己擅长的领域？擅长是可以通过长期实践习得的。因为人作为一个独立的个体，呱呱落地，并非事事精通，生来就会，需要经过后天的学习和练习，才能掌握本领。在自己最擅长的领域发力，才容易形成压倒性优势，弯道超车。

如何知道自己擅长哪个领域：

第一，可以尝试凭感觉去发现。静下心来，用心感受一下自己内心对这件事情的想法。对于内心讨厌或反感的东西，你是很难学习并擅长的。

第二，可以从自己的兴趣爱好入手。很多时候一个人之所以乐此不疲地从事某个工作，并成为自己专长的领域，兴趣爱好是一个非常重要的方面。因为我们做事不可能一击成功，在工作的经历中，有时会频频遭遇失败。如果没有兴趣支撑，有时可能就难以坚持了。

第三，可用实操来验证。有时候你认为自己擅长某一领域，等到真正动手做，发现差异很大，尽管自己已经很努力了，但仍旧很难实现预定的目标。多数情况下，必须亲身经历，多尝试，做过一段时间才能确认自己是否擅长。

人生能找到自己喜欢并擅长的事业，是非常幸福的。如果既不知道自己喜欢什么，也没有找到自己擅长的优势，那就通过数据找到趋势红利，跟随趋势中的律师团队共同前进，并在其中磨炼，获得擅长的本领，再慢慢喜欢上它。

二、判断行业发展的潜力

想成为专家，兴趣和擅长只是触发的契机，找到一个具有发展前景的细分领域，才是必要的前提。我们寻找的细分领域，必须是顺应时势发展，能够分得趋势红利的行业。

如何挑选出一个有趋势红利的细分领域呢？

观察中国宏观发展数据。中国政府大力扶持的产业，就是未来的朝阳企业。例如，新能源汽车。既有国家政策的持续支持，又有各种产业链的相继配套，新能源肯定是发展趋势。这个大赛道，有宏观层面的加持，市场足够大，一定大有可为。又如，芯片制造行业、跨境电商，是一个天天创富的行业，至少还能干 10 年。这些信息，你可以通过百度指数、国家部委和省级政府的官网数据、各省市政府的年度工作报告数据、知网专家的行业战略论文等途径，获取中国宏观经济前景的数据和信息。

观察细分领域的发展数据。例如，机械制造、生物制药、超级计算机。与这些行业有关的经营性数据，可以从企查查的工商登记资料、巨潮网上市公司公开的业绩报告、财报、企业的核心专利、市场舆情等方面获取信息。研究好市场后，其相应的数据的安全合规、知识产权等业务将会是下一个10年的风口。

观察法律风险数据。查看国家裁判文书网、无讼案例网、威科数据库、Alpha数据库等平台，通过平台自动生成的数据分析报告深入了解数个行业的法律风险点，找到某个前沿问题或者系列风险点也不是很难的事情。

观察竞争对手。找到热门趋势的细分法律服务后，你还要研究市场上的竞争对手情况。找到这个行业的对标律师团队，把他们研究透彻，里里外外搞清楚。例如，他们为什么做得好？他们获客的方法有哪些？他们提供法律服务的细节，哪些做得好？他们遇到过什么坑？有什么经验教训？等等。做法律服务的，拼的就是细节。如果我们从中能研究出他们取得今天的成就，经历了哪些步骤、业绩提高的原因等，这都能为我们日后的生存和发展提供重要的价值。

有时选择比努力更重要，方向比方法更重要。例如，我在例行浏览当时的国土资源部的官网新闻时，突然看到全国土地确权工作，要从2019年开始，为期3年。土地确权工作必然会涉及土地和房产，可能会引发土地权属登记纠纷。我马上查看裁判文书网，发现土地权属纠纷的案件的确呈现逐年上升的趋势，而且大多数的案件都一路打到了最高人民法院。法院裁判数量的趋势数据说明，土地权属类案件涉及的不动产价值往往很大，当事人常常不会轻易放弃，一般会穷尽司法程序。我们针对土地权属争议案件作出大数据报告，分别从法院层级分析不同法院的裁判思路有什么不同，证据的采纳程度如何。为什么同一个证据，在基层人民法院就被采纳，而在最高人民法院就被驳回呢？推送了基层人民法院、中级人民法院、高级人民法院、最高人民法院 4 个层级的大数据报告后，不到一个礼拜的时间，就接待了十几拨客户上门咨询。事实证明，我们对土地权属争议数量的走势判断是准确的。

确定好专业方向后，就要在这一领域深耕，有计划、有步骤地坚持输出，你才能获得成为这个领域专家的加速度。

学习是律师行业最大的特性，要想成为一个细分领域的专家，更是需要终身学习。既要学习法律知识，也要吸取行业的商务知识，因为有时仅仅依靠法律知识并不能解决客户的问题。

第一步，重新学习专业教材，构建法律专业的知识体系。执业之初，选择了土地纠纷的行民交叉领域，深感行政诉讼和民商事诉讼理论知识的不足，又重新拿回法考三大本，下载了各大法考机构的免费培训课程，每天坚持用 2 倍速听课学习。当年参加法考，基本靠死记硬背法律知识，在实践中马上暴露了只会法条不懂应用、基本功欠缺的马脚。自己就常去图书馆，借阅了许多能够见到的与土地交易有关的法律专业书，以每周 1 本的速度阅读。遇到不懂的问题，还要深度查找网站、微信公众号等互联网媒介上的相关文章。但凡发现文章中涉及的专业观点存在疑问和不懂的地方，就去尝试加作者的微信，进一步请教学习，同时在对方朋友圈找到更多的专业文章或推荐的专业书籍、学术活动圈，争取入群学习的机会。

第二步，尝试专业写作。学习专业文章之后，开始尝试写作，输出自己的观点。但是自己构建的专业知识体系能否经得起推敲，有时自己并不一定很有信心。做足充分准备后，我开通了个人微信公众号，把每天的所学所思所想一股脑地写出来，等待网民和粉丝的评论。

法律专业的理论和实务存在一定的偏差。看大量的教科书、专业书、专业文章还远远不够，还要坚持上网看法院判例。面对自己不懂的专业知识点，通过检索各地法院的判决书，精心研究、抄写关于某一观点的论述，持续加深记忆。随着学习的深入，学习判例的速度越来越快，积累的知识逐步增加，把这些判例中的不同观点和知识点总结出来。写大数据报告，分析数据、总结知识，分享给读者。我当时 1 年写了 10 多个不同领域的大数据分析报告，持续刊发在公众号上。不少人在后台留言，讨论文章中的问题，表达不同的观点。我也从交流中了解了不同思维方式、抗辩角度。在 1 年的时间内，我还写了 30 多篇小文章，同样刊发在自己的公众号上，收获了一大批微信好友，自己成长特别快。之后又在公号开设专栏，增加曝光率，针对团队办理的案件、细分领域的热点问题持续发表观点和见解。

经过短短 3 年的深耕和积累，我们逐渐在土地诉讼领域获得了律师同行的认可，不时有来自全国各地的律师同行推荐案件给我们代理。特别是在我们的《土地争议行民交叉裁判规则与案例解析》一书出版后，连抖音上的农民粉丝也纷纷下单购买，越来越多的人慕名前来。

三、专业化的方法

专家型律师的成长，有赖于钻研某一类法律业务，能更快地找到客户的风险点。同时，你在这个领域有比较深的研究成果，可以进入行业圈子里展示自己了。通过查询阅读、关注、掌握的这个行业各种商务资讯文章的出处，找到对应的行业圈子的社群。有的社群是免费的，有的是收费的，可以根据自身经济条件选择付费与否。进入社群后，针对一些痛点难点问题参与讨论、积极发言，要在理由充足的前提下，坚持自己的观点，展示专业度。讨论结束后，把讨论的观点、分歧、共识加以总结，就可以写出一篇文章，展示各方观点、分析利弊，推送到行业圈子。同时，争取机会成为行业协会的专家库成员，增加与高端商业圈接触的机会。可以利用行业活动等契机，积极参加活动，会后与各位嘉宾和企业家保持联络，请教和交流商业上的知识，同时分享解决方案，确保在商业圈内外都能随时看到你的身影。当企业家们有问题需要找人咨询或处理的时候，你自然就成为他们身边的专家。无论咨询收费与否，必须通过频繁的业务实践来验证自己解决问题的能力，并持续提升。

在进入行业协会以及参加协会活动时，可以把自己出版的书籍赠送给与会的企业家和潜在的客户。企业家们一开始并不了解你的专业以及精擅程度，但是当他们拿到你的专业书后，马上就会留下深刻的印象，并且会通过微信或电话与你时常保持联络，沟通他们在生产经营中遇到的问题。很多行业协会每年都有各种会员培训服务，可以主动定制课程，在协会内部或者走访会员企业时，持续宣讲。在讲课的过程中，不少企业家可能提出他们经营中的疑问或者难题，如果你能圆满地解决他们的问题，毫无疑问，在他们眼中，你就是能直接解决问题的专家，而不是只懂法律的工具人。

为了能更多地了解行业知识，可以购买协会开设的各种收费课程，边学边问、边问边学，在学与问的过程中结识更多的人。要与各个专家委员会经常互动，遇到不懂的问题，可以去咨询其他专家。作为回报，其他专家遇到法律问题时，也会咨询你。逐渐地，开始慢慢破圈。

通过系统的学习，坚持输出，到能够系统地解决问题，无论你想不想成为这个行业的专家，在客户的眼里你已经成了专家。

这个世界上没有什么简单、轻松又能赚钱的项目，方向对了，决心和坚持才是万能的。这甚至比天赋更重要。你一旦投身细分领域，就能很快成为品类第一，成长速度保证令人咂舌。

最后要注意，在这个过程中，你可能会遇到以下一些困难，但谨记千万不要退缩。

第一，生存优先。如果还在为自己的生存发愁，建议你先解决生存问题，短时间内不必拘泥于成为细分领域的专家。而是在满足基本生活需求之后，匀出一部分时间、精力和钱投入到专家赛道的准备工作中。

第二，持续试错。找到自己喜欢又擅长的领域需要一个过程，也许几个月、也许几年，甚至更久。你必须不断试错，别轻易放弃。

第三，选择错位。在执业过程中，你会遇到竞争对手。不要与对手直接竞争，应当选择错位合作。与其更好，不如不同。找到与对手差异化的地方，把差异化做成产品，在更细分的领域做老大。

第四，排除焦虑。如果同龄人都在做万金油律师，而你专注细分领域，这个长期积累的过程可能会让你焦虑。但其实任何工作都一样，无论是卖米粉、水煎包，还是卖服装、电脑，只要每次做得比上次好、比上次快，慢慢地你就能做到身心合一，排除一切干扰，就会逐渐享受到工作带给你的人生乐趣。

第五，做好当下。不到万不得已，不必太在意自己是否喜欢或擅长，先把手头的事情做好。作为法律工作者，处理案件是你必须做的事情。既然要做，就应当全情投入，努力让自己每天都进步一点。做到比多数人擅长，总有一天能找到自己喜欢的事情。

第六，管理时间。在拼搏的过程中，有时力度过猛，身体可能出现异样，此时赶快停下来，放平心态。注意保重身体、劳逸结合，做好时间管理。人生的路很长，还有很多的美好时光在远处等着我们去绽放。

准备好了吗？让我们在下一个路口，等待你成为某个细分领域的专家，不见不散。

第四章　适应律所团队化、市场化发展

传统律所一般是律师个人单打独斗，办理案件凭经验、凭感觉。法律服务缺少流程，也不需要技术。随着法律服务市场日益成熟，客户对律师的要求也越来越专业化、细分化。他们更相信专业的技术派律师，而不是关系户律师。同时，随着互联网快速普及，客户可以通过互联网查询、交流基本法律知识，对法律问题能够作出基本判断，导致律师事务所之间的竞争也越来越透明。在各种比较之下，客户对传统的律师服务已经不再满足，他们期望获得深入、全面、定制化的法律服务。律师本人也不再愿意做“万金油”律师，希望能走上有团队分工、更专业化的道路，否则将面临什么都会一点、什么都拿不下的尴尬境地，最终被市场淘汰。

刚加入专业化、市场化团队的年轻律师，如何才能适应发展，不被淘汰呢？

市场化、团队化、专业化，意味着律所更倾向于市场化、商业化运作模式，因此，年轻律师的职场学习与公司职场的情况是大同小异的，需要从团队定位、执业价值观、核心竞争力等方面融入团队。

一、找准团队定位

团队是一个讲究收益大于成本的组织，你带来的利润要超过团队支付给你的工资。做任何事情，要首先考虑公司利益，再考虑个人利益，这个次序不能颠倒。这是我们应该树立的一个基本认知，团队是为了实现组织利益最大化而存在的，而不是为了任何一个个体的利益最大化，只有组织利益实现了最大化，个人利益才有可能最大化。身在律所，要做到识大体、顾大局，要找准自身定位，正确认识整体利益和个体利益的辩证关系。每个人都有自己的利益，但如果所有人都追求自身利益最大化，那么最后很可能会是一个满盘皆输的结果。无论作为何种团队的一分子，我们都是在以个体的功能支撑整个系统的运转，无论是一线人员还是管理人员，都有自己的定位和角色，都需要各尽其职地做好自己的事。整体利益最大化后，大家才有可能共赢共享、享受红利。否则，即便获取了超额的个人利益，从更长时间跨度来看，也不过是提前透支未来潜在的财富。

二、明确执业价值观

年轻律师应该努力成为团队的资本，而不是成本。成本和资本的本质区别是：成本是消耗品，作为成本的你，只是在被动地承担职责、完成任务；资本是可以积累、升值的资源，作为资本的你，会主动实现价值最大化。成本是消耗品，可以随时被替代；资本是增值品，最好成为团队的稀缺品。也就是说，我们自己要打破工具人思维的限制。毕竟工具人就是纯粹的损耗，可替代性高。如果从增值的角度看，我们可以更主动地寻找自我价值升级的方向和路径。通过个人价值持续增值，才能填补年纪增长、行情低迷等不利因素造成的个人价值的贬损。例如：作为律师，把完成师傅今天分配的任务，作为上班的唯一目标，多一点都不干、不学。把努力当成限量版，目光只局限在付出和工资要对等上，这就把自己的人设定义成团队的成本。而有的助理，会主动琢磨怎么尽早完成工作任务，而且是更高标准地完成。在职业道路上，持有两种不同价值观的律师，极有可能一类成为律所的成本，另一类成为资本。

身处团队，团队调整是常有的事情。当遇见对自己不利甚至会造成损失的职场调整时，只要这个调整是可以理解的、是为整体效益而做出的改进，那么请放下执念，不要过于关注自己的利益。

三、提升自己的核心竞争力

核心竞争力是年轻律师的立身之本，不管我们在团队中被安排在哪个岗位，都要找到自己的核心竞争力。如果没有，就需要结合自己的特质，刻意学习、培养。在律所，我们要做一个聪明人。聪明是“耳聪 + 目明”，也就是不断发现新的变化、学习新的知识、汲取新的信息。学习能力是谁都夺不走的，通过习惯性学习，让学习能力成为持续输送能量的本能，就会让我们拥有核心竞争力。这个竞争力，就是超越同类选手的优势。

学习、学习、再学习是保证生存、获得晋升的永恒真理。当你跟不上团队的成长步伐时，就会被边缘化，甚至是淘汰。当你拥有远超岗位所需的能力，并且这种能力也是团队所需要时，你就能得到快速晋升或更好的发展。我们要根据自己的个性明确自己想成为什么样的律师，并为之做好职业规划，确定一个或几个需要进一步学习的专业知识领域。然后，找到对标榜样，全面复刻。复刻过程中，我们不仅要主动找到自己知识结构上的短板，系统地学习专业知识，还要懂得如何运用这些知识解决客户案件中的问题。

学习，不仅是成长的利器，更应成为生存本能。对待学习，可能好多人把“好好学习、天天向上”挂在嘴边，却并没有入脑入心。在这样一个信息爆炸、快速变化的时代，学习已经成为律师的刚需。如何高效学习，其实很多人并没有掌握其中的原理和技巧，所以工作和生活中的低效学习和伪学习成为一个普遍现象。

一是要警惕自己落入自认为努力学习的认知陷阱。对待学习要动真碰硬，再强烈的学习意愿，如果没有具体行动来落实，那也是空中楼阁，所以，学习就是要扎扎实实、日日不断。

二是要多向高手学习。中国这么大，我们遇到的问题，不可能是第一个遇到的，肯定早就有人遇到过，而且已经用更高效的方式解决了，我们可以通过学习高手的思路和方法快速提升自己。例如，我刚入职的时候就听说律所创收最高的律师是一位执业 30 年的女性资深律师，律所的同事都对这位律师赞赏有加。技术过硬、创收过千万、人缘超好、从不计较个人得失、总是喜欢帮助人，是这位律师留给大家的印象。我心里也就默默地将她作为自己学习的榜样。经常学习她说话、做事的逻辑和风格，在裁判文书网查看她承办过的案件，学习她的抗辩思路，甚至模仿她的说话语气和笑声。过了几年，有一次与同事聊天时，她惊讶地说，你的笑声怎么与某某律师一模一样？我才知道自己“走火入魔”了。

三是要多向客户学习。一个征地拆迁官司，其中对于村民被拆房屋到底是位于河道、滩涂还是水道范围内，当地政府与村民产生了争议，不同的位置决定了拆迁房屋需要援引不同的法条依据。我们作为代理律师，第一次见客户的时候，其中一位村民居然拿出新华字典和康熙字典，翻到这3个词，与我反复切磋文字的含义，并要求我们把不同单词的区别详细写入诉状。与客户沟通时，我竟又一次认识到了“终身学习”确实是人生的密码。村民居然熟读字典，还强调他们之前请的律师，就是不像我这样爱学习，导致设计的诉讼策略是错误的。听到客户的表扬，我笃定了“工作就是在实践中学习的最好方式”。

除了学习，还要学会展现出来，让口碑成为自己的升值途径。口碑就是别人对自己的评价。只会闷头干，默默付出，并不是聪明人的最优选择。让自己的“酒香”成为别人口中称赞的对象，才能被大家看见。当然，这不是要获得每个人的好评，而是要重视与他人接触的机会。或许一件小事，就会成为对方记住你的原因。对方的能量、关系，以及未来发展，很可能超乎想象。这些，都和自己的长远利益息息相关。

四、学做一个“聪明人”

“聪明人”就是“耳聪 + 目明”，也就是时刻保持对外部世界的高敏锐度、高开放度，不断发现新的变化、学习新的知识、汲取新的信息。而这，正是“学习”这件武器要帮助我们完成的事情。当你拿起这件武器，就会发现：最初，学习是一种责任；之后，是一种习惯；最后，就成为你的一种本能。这是一种谁也夺不走，会为你持续输送能量的本能。要不断扩宽自己的学习边界，将自己置身于工作当中。也就是说，你想要做律师，就要在自己还不是律师的时候，提前去做律师该做的事，而不是只做助理应该做的事。这样，团队领导才会考虑放心地把案件交给你做。

所有的好，都是努力准备的结果。绝大多数人都是随波逐流的，我们好好准备就会多一点机会，人就是靠这一点做到和别人不一样的，让自己先值钱，再有钱。

做了 7 年助理，又带了 4 年团队的我，分享给年轻律师 10 句掏心窝的经验。

1. **工资是发给职位的。**工资不是发给你的，而是发给你所在的职位，职位代表着责任。从律师助理到执业律师，再到律所合伙人，承担的责任越大，工资就越高。想涨工资，就要勇敢承担更大的责任。

2. **你的薪水是由可替代者中最便宜的一个人决定的。**如果你拿 5000 元/月的工资，做着一份轻松而体面的工作，问问你自己，在你后面排队的人，是不是比你更优秀，比你更便宜。

3. **大部分升职都是被追认的**。既然工资是发给职位的，那么涨薪最直接的方式就是升职。但是，老板为什么要升你呢？你如何来证明自己能胜任呢？你在做助理的时候，就要主动去做执业律师的工作；是执业律师，就主动去做合伙人的工作，多花一些时间，提前做一些额外的工作，这是在证明你的能力，也是为了让老板放心，当更高的职位空出来了，你就会是老板的第一选择。

4. **工作忙不忙，是由胜任度决定的**。你觉得每天都很忙，真的是因为工作强度大吗，还是因为你不能完全胜任工作。刚入职时，可能确实会手忙脚乱，因为你不够熟悉公司的文化、团队的风格、工作的流程。这只是时间问题，只要找到办法、慢慢上手了，效率就会提高。如果你一直不得其法，就要去找找胜任的办法。

5. **资历会被鼓励，但不会被奖励**。华为创业之初，1 号员工发 1 号工牌，到 100 号员工呢，工牌就是 100 号。后来公司员工越来越多，当你开会遇到一个工牌为前 10 号员工的时候，这可能是元老啊，资历摆在这。会议桌上，谁也不敢随意发言，任正非知道之后，立刻决定把工牌全部收回来，把数字全部打散、随机排序，再重新发下去，这就解决了问题。为什么任正非一定要这么做？因为他知道，资历不等于能力。你是老员工会被鼓励，但不会因为你是老员工，就特别地优待你。现在华为有将近 20 万名员工，依然如此。想要得到别人的尊重，要靠自己的能力和努力去挣。

6. **你的职业生涯，要靠自己负责**。千万不要期待律所帮你规划，老板帮你规划。为什么？律所是平台、老板是支持者，未来 5 年、10 年，你想出现在什么样的写字楼，在什么样的岗位，和什么样的人一起并肩作战，只有你自己知道。除了你自己，任何人都无法替你决定。

7. **你和律所只有一种关系，那就是合伙关系。**既然选择了这家律所、选择了这个职位，那你就是选择了和律所一起，为你们共同的事业而努力，你永远不是在为老板打工，这就是合伙关系。

8. **你永远可以选择，好聚好散，律所也可以。**律所不是家，没有人可以永远待在一家律所，也没有哪家律所永远不会发生变化，允许一个人在这里工作一辈子。如果律所不适合你，挥挥手，去更好的远方看看。如果你不适合律所，他也有权利把你换掉，因为他这艘大船，有他想去的远方。

9. **你认为简单的事情，有可能会比你想象的复杂得多。**每个在学校摆过摊的人，都会觉得自己有做生意的天赋；每个当过班干部的人，都觉得自己特别会管理；每个失过恋的人，都觉得自己看透了人心。刚加入公司的新员工，总觉得公司这里不对、那里不对，管理有问题、战略有问题。这个时候千万别急于表现，别急于随意高谈阔论，试着指点江山。因为每个看似有问题的决定，可能都是无数复杂的妥协和平衡。在山脚能看见的，是与山顶完全不一样的风景，你要做的，就是行动起来，向山顶走去，而不是先张开嘴。

10. **不要太在意自己35岁之前的收入。**收入与创造财富的能力相关，想获得高收入必须先提升能力。进入职场，选择更重要的岗位、承担更大的风险和责任的时候，才有可能收获更大的成长。即便失败，你也依然年轻。在一个真正有价值的律所，跟一个值得跟的老板，和一群志趣相投的人一起工作，这些价值和成长，是钱买不来的。年轻时，成长就是你最大的收入。

第五章　非诉业务与诉讼业务的差异

——哪个更适合我

每一位法学院的学生都知道什么是法律，法律有什么用？了解法律的作用之后，对于我们选择从事非诉或诉讼业务，有很大的帮助。简单来说，法律是调整社会生活中各种关系的规则。要理解法律，把法律作为解决问题的工具，需要了解日常之中伴随我们的所有活动。这些活动引发的关系，包括法律与政治、法律与经济、法律与道德、法律与宗教、法律与生活等多方面的知识。例如，《中华人民共和国民法典》可以规范各类民事主体的各种人身关系和财产关系。你买房子时，规范房屋买卖关系；诉讼离婚时，规范婚姻关系；遇到交通事故受伤时，规范侵权行为。不管遇到什么样的事情，都有法律可以使用，让你知道你的权利和义务，同时能及时使用法律武器来维护自己的合法权益。

同时，法律具有指引、评价、预测、强制、教育等作用。用一句话概括就是：指引自己，评价他人，预测你我他，强制一小撮，教育大多数。可见，法律这个工具的外延非常广泛，内涵很丰富，学习法律，不仅仅学习法学知识和执业技能以解决当事人的争议，最重要的还是通识能力的学习。例如，多学习数学、物理、历史、科学、哲学、社会、语音、音乐等方面的知识，对世界观、人生观、价值观有更深入的洞察，这样才能运用法律这个工具更好地解决问题。

非诉业务就是非诉讼业务，是与诉讼业务对应的。诉讼业务一般指通过法院提起诉讼解决的争议，而非诉业务则包含公司的法律顾问服务、合同审核、咨询服务、尽职调查、出具法律意见书、律师公证、资本市场的公司并购分析、上市文件的起草、海外上市的法律风险提示、法律检索及论证报告等。

法律服务上的“非诉”业务，其实就是治疗“未病”，而诉讼业务就是治疗“已病”，只是“发病”的进程不同，那么律师如同“医生”一样，你选择“非诉”业务，就像是做保健科或康复科医生，重在日常的提醒、预判、防范、维护。工作时间上并不会很紧急，因为所有的工作都已经做出了流程和模板，你按部就班地做，做多了就懂了、熟练了。而选择“诉讼”律师，就像是医院的 ICU 紧急抢救，要么平时没事干，要么来活了，几天几夜不休息。因为要与时间争分夺秒，赶在诉讼时效（起诉期限）之前完成寻找突破点、法律检索、论证、取证、文书写作，甚至准备好庭审抗辩等工作。这时考验的是综合素质，包括临场发挥能力、强悍的执行力、时间管理、身体素质等。

不同的“科室医生”所需要的知识储备、技能、认知、思维模式、解决问题的逻辑都不相同，我们详细聊一下如何选择的问题。

我刚执业的时候，非常向往资本市场的高端业务，看多了影视剧的精英律师形象，梦想着出入五星级酒店，工作场所都是北京、上海等国际化大城市的豪华写字楼，每天用多国语言与世界各地客户谈判。虽然自己本科是非法学，仗着外语专业的优势，在我35岁“高龄”的时候，斗胆向市场上的5家红圈所投递了简历。苦等1个月后，没有一家回复。我还是不死心，找了好多朋友，终于打听到其中一家红圈所对我的评价：没有过硬的学历，非法学，年纪太大，经不起熬夜。虽然有从事外贸工作8年的社会经验，但是需要从头学，等于法律小白，培养的成本太高。后来，我进入一家本土综合性的律所，跟着师傅处理各种业务，其中以非诉业务为主。做助理7年后独立出来，选择疑难复杂诉讼的赛道，又做了3年的诉讼律师。7年非诉+3年诉讼的经历，让我对体能、性格、认知、专业技能等六个方面的差异有了全新的认识。

一、对体能要求的不同

“非诉”业务多是处理公司内部经营事务。律师必须通晓公司的战略、管理、组织架构、财务、人事等岗位职能，还要运筹帷幄，提前为客户预判风险，因此客户对律师的信任度非常高。年轻律师刚踏入社会，初期能力是没法扛此重任的。高端业务收费高、数量少，一般的资深执业律师都没法找到案源，更何况年轻律师。所以，市面上也只有少量的律所、律师团队能够获得这种高净值的客户。

既然客户支付了高额的律师服务费，那么律师助理就要交出对应的工作成果。律师助理按照非诉工作流程、模板，做材料统计、看文书、全国出差完成项目尽职调查、起草各类文书，再交由资深律师审核把关。有些业务具有涉外属性，要求工作时间与国际接轨，也就是说，国外的白天就是国内的夜晚。客户白天上班的时候，我们就是半夜工作。而且国外客户喜欢按照工作小时收费，助理工作多少个小时需要记录下来，月底或项目进度时间节点呈报给客户审核付款。年底合同期限届满，律师助理还要统计全年或者整个项目的工作小时数，写工作报告总结，为下一次合作或下一年的服务合同提交工作数据。一个非诉项目做下来，有时几天时间、有时几个月，对身体的要求很高，看不完的材料、写不完的报告、翻译不完的文书，经常熬夜是正常的，否则，客户也不会支付高额律师费，资深律师也不会给 1 年级的助理开出月薪 3 万元的工资。所以，很多律师助理趁着年轻，身体好，在外语和学历不错的前提下，先靠身体拼更高的收入。

“诉讼”业务对于体能的要求，主要体现在法律检索和出庭抗辩的工作上。年轻律师跟着师傅处理诉讼案件，除了按照法院的诉讼流程准备基础流程性文书外，要想打赢一场官司，还必须找到胜诉的突破点。在师傅的指导下，根据案件事实、证据材料，全力寻找支持我方观点的法律依据，这就需要具备强大的法律检索能力。而法律检索的课程，在很多的法学院教学课程中是缺失的。律师助理平时需要花大量的时间进行学习，看海量的判决书、学习各种检索方法论。经常一个案件需要换几十个关键词通过不同的检索工具查找裁判文书或专业文章。每个文书或文章，都要一篇一篇地打开，从头到尾看完，不能遗漏任何信息。如果这样做还是不能找到突破口，就需要在师傅的指导下，继续坚持查找。一些疑难复杂案件的争议焦点很多，律师助理需要大量时间做法律检索工作，因此加班也是常态。

律师助理工作量最大的工作是开庭抗辩。虽然大部分案件的抗辩工作都是师傅主导，但是出庭前的准备工作，也让人“亚历山大”。可视化图表的绘制、时间轴、大事记、诉讼材料的打印、复印、扫描，光是庭审提纲的制作，都要耗费大量的脑力、体力。相当于自己在电脑上、在头脑中，把开庭的整个过程模拟一遍。特别是预判法官的发问，需要提前观看审理法院和承办法官的庭审视频，熟悉法官的审判风格。对法官可能提出的问题，列表准备答案。对于对手的提问，也要预先准备，穷尽对方可能提出的所有问题，并列出回复的法条依据、应对方案。这个工作不仅烧脑，更耗时间。

庆幸的是，诉讼案件以法院工作进度为准，每个程序走完，就可以稍微休息一下。不像非诉项目，全团队一投入就是几天几夜，甚至不花费几个月时间出不来。相比较而言，非诉业务对身体的要求更高。

二、对性格的要求

“非诉”业务适合性格比较平和、脾气好、有耐心、有服务精神、有团队协作精神、愿意待在办公室、不太喜欢与人沟通交流的“童鞋”。非诉业务要处理大量的文书，要求律师不厌其烦、认真仔细地核查材料。另外，该业务的大部分沟通交流工作都在纸面上完成，即使有关键的工作问题，客户也会找资深律师沟通。因此，年轻律师最多也只是与公司职员、外包第三方服务团队沟通，而且没有太多可以变更服务内容的空间。

“诉讼”业务适合自信、热情、勇敢、喜欢博弈、有创新精神、沟通能力强的人。诉讼的艺术就是说服的艺术。拿到案件后与客户的沟通工作，师傅一般会交给你去处理，你有机会直接接触服务单位的高层管理人员，并保持与决策人的联络、收转材料、汇报案件的进展。开庭前，你要做好充足的庭前准备，通过庭审的激情“表演”、当庭应变能力，影响并说服法官采纳你的意见。案件开庭结束后，还要继续与法院、客户保持沟通，完成后续的诉讼流程。如果直接与客户的沟通工作顺畅，客户满意，客户可能会考虑续签，这也能提高团队及自己的收入。

三、对认知的要求

“非诉”业务是根据客户的需求，为客户设计一个交易架构或者设计一种商业模式，我们需要考虑任何一个环节，而且每个环节都要与终极目的相关联。你需要熟悉所有的程序，并对每个程序或时间点可能存在的风险进行提示，在风险到来之前采取预防措施。因此，“非诉”业务需要更多的全局观思维，经常操心那些隐藏很深，可能一不小心就会忽略的风险点。

“诉讼”业务是根据现有的证据材料，寻找最有利的突破点、考虑所有的“后路”，以及封堵对方所有的“退路”。在防范自身执业风险的同时，尽最大努力维护当事人的合法权益。早几年，我给某区国土资源局做驻局律师，每当各科室经办人员来找我，围绕某个诉讼案件与我进行全面探讨时，我明显感觉到法律不够用了。当时，我对国土、规划、地籍、产权、测绘等科室分管的业务领域没有重点了解和学习，同时也没有行政机关工作过的经历，对于客户询问的问题，我经常是摸不着头脑，完全不知道他为什么要这么问？后来，我在工作不忙时，开始每个科室串门，找工作人员喝茶聊天，请教他们行业知识。如果是科室负责人开会，我也主动报名列席，了解他们作出决策的全过程。经过半年的熏陶，我比他们还熟悉自己的业务，经常是科室人员说完第一句话，我就知道他接下来要问什么，他的问题还没问完，我就已经把他所需要的法条依据、自身风险规避方案、争议恶化最坏程度、败诉最坏后果、解决路径共有多少条、每条路径的利弊等都同时汇报出来。能够为客户决策提供最周全的诉讼方案，就是因为充分了解了争议双方的行业，洞察了客户需求的深层逻辑及法院对此类案件的裁判倾向、庭审效果。

我们就像是一位战场上的司令官，开战之前，必须做好充分的准备，不允许任何一个细节出错。这样才能达到运筹帷幄、决胜千里的目标。

四、对专业技能的要求

1. 语言要求。因为经常有涉外业务，“非诉”业务首先对外语水平的要求比较高。海归或者 JD 博士（法律博士）当然在语言方面有竞争优势，如果有这些国家的律师执业牌照就更好，这样会让你的前途一片光明。

2. **资格证持有要求**。目前业务市场上存在大量的资本并购、海外上市等业务，提前学习证券、金融、财会等知识，能让自己的工作快速进入角色，提高效率。上大学期间，可以抽时间参加证券资格、私募基金资格、注册会计师等考试，前两者预先准备的时间一般是 1 周。我刚做助理的时候，手头事务不多，用了 1 周的时间考完证券和基金资格证，后来忙起来就没有继续参加注册会计师考试。

3. **法律法规储备要求**。实务更新太快，合同法、商法及相关案例需要反复学习。之前参加法考所背诵的法条与现实工作中的项目一结合，发现自己真正掌握的知识不能满足需要。我执业后，每天会固定收听法考各门课程的录音 1 小时。因为工作中遇到的难题，通过再次复习法考的视频讲解课程，能快速帮助我们厘清法律关系，找到解决方案。

4. **文书写作要求**。文书写作是非常重要的技能，需要天天坚持书写，好在非诉项目是团队协作，有成熟的工作流程、文书模板、良好的培训机制，助理们只需要按部就班地完成即可。

对于“诉讼”业务来说，我们不仅需要优秀的文字书写能力，还需要训练自己的语言表达能力。例如，如何书写诉状？如何训练自己的法律逻辑？如何提升庭审技巧？如何使用证据？如何与法官沟通？如何交叉询问？如何举证质证？如何书写代理词、答辩状等文书材料？又如，开庭陈述或结案陈词所需要的演讲技能、法庭的辩论技能，对方证据突袭时的临场反应，这些技能必须跟着师傅一个一个案件学习、实操、总结、复盘、再学习、再积累。

法学是一门实践性的学科，法条内容与实践应用的差距非常之大。我们要尽量多做案件，做尽可能多的案件，用案件把自己喂饱，从而量变才能产生质变。

五、对团队协作的要求

“非诉”业务一般都是团队作战、专业化分工、流水线处理业务，这与诉讼律师的“单打独斗”形成鲜明的对比。因为“非诉”业务需要提供给客户体系化的庞大经营方案，经常要多个律师团队、会计师团队、审计团队、券商团队共同协作，全面考虑所有风险并取得各方利益平衡，才能完成工作，工作成果需要所有人的完美配合。

而诉讼案件的成败，主要靠个人努力。有时也有团队合作，但这种情况比较少，一般是在案件特别复杂或者影响大，一位律师不能完全应对的情况下才会采取。与此相对应的，非诉业务一般比较复杂，涵盖不同法律部门的专业知识，所以在处理非诉业务时需要将其分成不同的小块，交给各个领域内的专业法律人才完成，这种情况下，团队就变得越来越重要。

六、关于工作压力

对于非诉业务，年轻律师基本上不用担心案源问题，因为这些高端的业务基本垄断在红圈所的高级合伙人手中。他们也是熬了好多年才积累下来的案源。年轻律师的工作压力，主要来自按小时计算的工作量，因为高级合伙人会把大量简单、重复的流程性事务交给年轻律师处理。客户支付项目律师费的标准也是按照工作小时量定价。你实际熬了多长时间完成这个工作，通过客户的计费审核后，就可以对应收取多少律师费。原则上，投入的工作时长越多，赚取的小时费用越多。由于都是重复性的工作，难度一般不大，只是累筋骨。

而对于诉讼业务来说，工作压力主要来自案源。案源为王，一切的生存基础首先就是找到案源。其次是诉讼突破口的寻找，这涉及诉讼技能问题。最后就是维护客户，形成复购。尤其是对于新入职、经验不足的年轻律师，没有案件可做，再强悍的个人能力也是空谈。所以，前期没有案源的时候，需要刻苦磨炼基本功，以便一旦初次有客户委托不至于拿不下代理。开拓案源是每一位执业律师的必备技能，如果没有客户或者没有高净值客户，终将无法实现时间自由、财务自由、精神自由。

了解了以上非诉业务与诉讼业务的区别之后，我们就很清楚自己的选择了。我在执业之初被师傅安排负责非诉业务，后来独立执业后，选择了诉讼。从初次选择，到变更“赛道”，我又考虑了哪些因素呢?

1. **个人兴趣**。从事非诉业务，主要与客户、项目组成员协作完成即可，无须太多独立思考或独立处理的空间。这对于受律政电视剧影响很深的我来说，如果不能在法庭上慷慨激昂地发言直戳对方漏洞，实现诉讼逆转，不能获得这种体验感的话，我觉得自己的律师牌照就白考了。另外，自己的性格一直以来就比较争强好胜、喜欢辩论，喜欢挑战规则说“NO”，喜欢接触各种各样的人，做诉讼律师在法庭上挥洒自如，可能会让自己更有成就感。

2. **诉讼结果的不确定性与挑战性符合我的个性特征**。代理诉讼案件，更像是一场战争的排兵布阵。这种运筹帷幄的能力需要综合素质的训练，且以胜诉为目标导向，更适合我的“要”性。尤其是研究案情、梳理证据材料、查找案件焦点、庭前分析案件证据、寻找对方的漏洞、破解对方的观点、与对方律师庭审辩论、在庭审中使法官相信自己等，都感觉像福尔摩斯断案一样，充满了刺激和惊喜。不仅可以学习到更多的实战经验，还能迅速提升自己的临场应变能力。

3. **诉讼实战经验更有助于非诉业务风险防范意识的养成**。由于自己做了7年的非诉律师，在独立接触诉讼案件时，发现自己之前给客户审理的合同、设计的交易架构仍然存在风险遗漏。一位优秀的非诉律师，必定要参与大量诉讼案件，才能预判对手潜在的违约点。非诉业务中的风险点梳理都是源于诉讼案件的宝贵经验，这些经验有助于律师出具全面而有可行性的法律意见书。

4. **诉讼律师时间更自由**。诉讼案件的律师要与司法机关的工作节奏保持同步，在流程暂时停止时或者下一个案件进入流程之前，可以有自己自由支配的时间。而非诉案件要与客户工作时间绑定，7 * 24 小时保驾护航。

5. **非诉业务与诉讼业务是相辅相成的。**在自己选择不多的情况下，趁着年轻、没有案源、没有牵挂、体力好，可以选择从非诉业务开始，进入起点较高的平台、接触高端业务，保障自己的基本生活收入。积累几年经验之后，根据自己的爱好，再转型做诉讼律师，即使开头几年没有案源、找不到客户，也不至于饿肚子。同时，办理非诉业务之后，律师会更容易与客户沟通，能给出更接地气的法律服务方案。

第六章　大律师们喜欢的助理有哪些标准

“人才是第一资源”。大到一家律所，小到一个团队，拥有充足的人才储备才能在市场竞争中最终胜出。在律所里，今天的律师助理，就是明天的执业律师。年轻的律师助理要具备什么样的素质，才更容易成为被伯乐发现的千里马，在未来的律师行业发展里拥有广阔的前景。

如果你具备以下五种素质，恭喜你，你可能就是大律师们最喜欢的优秀律师助理。

一、三观正

为人一定要有正确的三观（世界观、人生观、价值观），作为去伪存真、明辨是非的律师，尤其应当如此。只有内心真善美，才能压倒邪恶，最终实现公平正义的理想目标，这应该是律师的信仰。这个信仰胜过一切，是一切价值的根本。如果一个人的三观不正，即便再有才华，执业律师也不一定敢用你。

例如，行内经常说一句话，“没有小案件，只有小律师”。这句俗语暗含的意思是说，无论是收费1000元还是收费10000元的案件，律师只要接受了案件委托，即使是1000元律师费的案件，你也应当像收到10000元律师费的案件一样，倾尽全力完成。这种敬业精神，才是一名执业律师应当具备的境界。

当事人最怕什么？他们心底会有哪些疑问？最常见的担忧之一恐怕就是：“我的案件太小，律师会不会不上心？”

面对这个疑问，我们应该这样应对：无论你的案件是大是小，是简单还是复杂，我可以不接受你的委托，我可以给你提供咨询，我可以告诉你如何准备材料去起诉，但只要我接受了你的委托，我就会全力以赴。因为，“诉讼无小事”，即使看上去再小的一次诉讼，可能对于当事人而言，都是关系到身家性命的大事！

初入律师行的年轻助理，可能会接触到执业律师交办的法律援助案件。法律援助类案件的当事人绝大多数是弱势群体，知识文化水平较低、经济条件较差，可能也缺乏取证能力，与他们沟通起来很费劲。记得我接触的第一个法律援助案件，是一个涉及工伤赔偿的民事案件，一位从事货物运输的卡车司机因遭受车祸，后颈椎受到重创，可公司没有给他购买工伤保险，也不愿意赔偿他的各项损失。卡车司机希望通过劳动仲裁和诉讼维护自己的权利，但又没有钱请律师，于是申请了法律援助。我被指派为法律援助律师。虽然只是一个简单的工伤赔偿案件，但又涉及劳动合同和劳动关系的认定、劳动仲裁程序、申请工伤认定程序、工伤赔偿项目和民事人身损害赔偿项目的比对、劳动监察投诉处理、工伤伤残等级鉴定等多个环节和程序，工作任务颇为繁重。

接手这个案子后，我查找了所有有关工伤赔偿的法律规定，制作表格，计算赔偿金额。为了保证赔偿项目和金额的全面、准确，多次反复计算，并和被援助者不断沟通达成共识。接受援助的当事人看到我做足了功课，顿时也有了信心。从劳动仲裁，再到法院一审二审程序，均顺利完成。经过充分的准备，毫无悬念，这名劳动者最终胜诉了。拿到判决书的当天，这名卡车司机告知我，他们公司还有类似他这样的工伤情形，因为车祸受伤的好几位司机也没有拿到足额的工伤赔偿，他也推荐他们来找我处理。后面相继来委托的几位司机朋友们见到我的第一句话是，工友们说请你打官司很放心，因为你没有嫌我们的官司小，你对我们很用心！甚至有几位工友，因为不符合法律援助的条件，宁愿自己支付律师费也要委托我们代理案件。因为他们心里很清楚，他们遇到的是会善待当事人，受人之托、忠人之事，认真做案件且值得信赖的律师。每一个案件都值得我们去精雕细琢，全力以赴，这应当是一名律师的初心。

我想起了那句话——我们办理的不是案件，是别人的人生！

三观正还要求我们遵守律师职业规范。《中华人民共和国律师法》《律师执业行为规范》中有关禁止性规定任何时候都不能逾越。从每年律师协会发布对律师的行政处罚情况来看，1/3 是因私自接案、违规收费的问题被处罚，1/3 是由于构成刑事犯罪而被吊销执业资格；还有少部分情形是违规执业，如双方代理、以非律师身份提供服务、多点执业、不按时出庭、提交虚假材料、扰乱法庭秩序、不当影响审判人员、未备案、违规承揽业务、扰乱法庭秩序、行政违法等情形。其中对律师行政违法行为的行政处罚方式中，将近四成采取了警告的形式，处理比较轻微；大约两成被处以停止执业 1 个月到 1 年不等；罚款处罚的情形约占一成，罚款金额从 500 元到 30000 元不等。当然，也有相当部分行政处罚案件被同时处以警告、停业、没收违法所得，同时并处罚款、公开谴责、通报批评、取消会员资格等处罚形式。前车之辙，后车之鉴。这些案例是年轻的律师助理应当谨守的执业红线。

无论多大的律所，它的发展和壮大仰赖于每一位律师。每一位律师和律师助理的不当行为，对律所的命运和名誉都可能造成巨大的影响。尤其是在互联网时代，信息传播的速度惊人，一名三观不正、做事浮夸的律师助理，不能够认真对待交给他的每一个案件，同样可能对律所的形象造成巨大的破坏。因此，即使是一名律师助理，对于律所而言，你的优秀可能尚在其次，最需要的是你的三观端正。

二、身体好

身体是革命的本钱。身体好，才能学习好，进而工作好。从事律师职业，对身体的要求尤其高。当各位律师助理通过司法考试，获得律师执业资格后，说明各位的智力已经在同一条水平线上。此时，就会进入下一个比拼身体的阶段。

拼身体，意味着拼基础、拼耐力，拼科学使用身体。我们知道的一些亿万富翁,[1] 为什么如此高龄还拥有充沛的体力与旺盛的精力？根本原因就在于你需要科学管理自己的身体。

一个病恹恹的人不可能把工作做好。身体不好就可能脑部供氧不足。脑力不够活跃，心力也会跟不上，遇到困难容易退缩，遇到竞争对手就容易躺平。《老子》云：“合抱之木，生于毫末；九层之台，起于累土。”身体健康是一个人事业成功的基石。律师工作是非常辛苦的，经常加班、出差，饮食生活没有规律，容易生病。无论是诉讼业务还是非讼业务，都需要我们身体和心力辛勤的付出。从事诉讼业务，从起诉到执行乃至再审，都需要来往法院多次，奔波很久。从事非诉业务做项目，同样需要数不清次数地在律所和项目所在地往返，有时甚至需要驻扎在项目地很长时间。工作之艰辛不言而喻，生活之劳苦如影随形。而完成这些工作，又往往需要律师助理冲锋陷阵，承担起大量琐碎的细节方面的工作。作为律师助理能否坚持下去，以知行合一之心态，承受历练并善于总结经验，升华能力，恰恰是能否成为未来大律师必经之磨炼！因此，律师助理要从最初的职业起步时，就要注意锻炼身体，起居有常，每周争取安排几次喜爱的运动，以保持身体健康。

如何确保身体健康，除了注意日常锻炼之外，还需要学习人体结构学，了解自己的身体，顺着身体舒服的方式，智慧地与身体和谐共处，把身体的能量发挥到最好的状态。大自然用最高效的方式

① 例如，李嘉诚和李兆基都是 1928 年出生；李锦记品牌的第三代传人李文达享年 91 岁；香港四大家族之一的邝肖卿 93 岁；“石矿大王”“酒店大亨”吕志和 1929 年出生；协成集团、锦华置业的方润华享年 98 岁。

构造了我们精细复杂的身体系统。骨骼和肌肉让意愿转化为行动；肠胃吸收营养，维持着生命能量；心脏和血液把营养和氧气送到全身每个角落。历经千年演化磨炼的免疫系统守护着身体的平衡，它能对抗疾病，愈合伤口，维持秩序，让人活着，同时它也会因为疲劳、压力、毒素等问题而受到损伤。身体是我们所拥有的最珍贵资产，然而大多数人对于自己的身体所知却极为有限。绝大多数优秀的律师，都是身体素质先天良好，后天还科学掌握了增强体格方法论的人。

管理学大师彼得·圣吉（Peter Senge）说："所谓系统思考就是看见整体的修炼，让我们看见相互关联而不是单一的事件，看见变化的形态，而不是转瞬即逝的一幕。"如果不去系统地学习自己身体的构造，就会被一些碎片化的知识带偏。听到别人说不能加班，加班会脱发。如果你不加思考，不去考虑人脱发的原因有多少？是否与加班有关？如何解决脱发问题？或者如何提高工作效率不加班？要用系统化思维去看待问题，有洞察力去解决问题。系统化思维意味着一个人有强大的思考力，而充沛的体力能再次助力你在长期思考的过程中找到真知。因此，系统地了解自己的身体，体力和思维相辅相成，你才能行得更远。

给大家的具体建议就是，每天尽可能保证运动 1 小时，比如早上跑步、游泳，晚上打球、慢跑、快走、太极拳等。如果没有整块的时间，那我们就把运动时间拆分，每个等电梯、等滴滴车、等客户点餐的时间点，都可以充分运用起来，来 10 个深蹲！

三、责任心强

美国标准石油公司曾经有一位小职员叫阿基勃特（Archibeld）。他在出差住旅馆的时候，总是在自己签名的下方写上“每桶 4 美元的标准石油”字样，在书信及收据上也不例外，签了名就一定写上这几个字。他因此被同事叫作“每桶 4 美元”，而他的真名倒没有人叫了。公司董事长洛克菲勒（Rockefeller）知道这件事后说，“竟有职员如此努力宣扬公司的声誉，我要见见他”，于是邀请阿基勃特共进晚餐。后来，洛克菲勒卸任，阿基勃特成了第二任董事长。

在签名的时候署上“每桶 4 美元的标准石油”，老板洛克菲勒并没有交代这样的任务，但阿基勃特却主动地做了。也许在他看来，身为标准石油公司的职员，无论职务高低，都有为公司产品做宣传的责任和义务。

这个小故事告诉我们，对于有责任心的人来说，应该和阿基勃特一样，有些事不必执业律师交代你，你自己就应该想着如何去做。举个例子，执业律师给两位律师助理分配同一个任务，帮忙检索一个法律问题的解决方案。律师助理甲认为有 A 方案可以解决。律师问：共有多少种方案可以解决？助理甲赶快又去检索。检索完毕回答：有三种方法可以解决。律师又问：三种方法各自有什么利弊？哪种方法更适合解决这个法律问题呢？助理甲感到很委屈，分派工作任务时，只是让找一个解决方案，并没有要求找出所有的方案呀！而助理乙呢，接受了同样的工作任务，他围绕需要解决的法律问题，不但从正反两种结论的角度制作了检索报告，还附上了相应的法律规定，甚至还调整好文件的格式便于打印。两位助理两种不同的工作作风，高下立判。

责任，是对那些“没想到的事”负责。“有责任感”从表层意思而言，是对“某件事情”担负责任，工作认真踏实、尽职尽责，尽到应尽的责任。但是，对于那些对自己有高要求的人而言，有责任感是要对一切未知“兜底”的人。例如，大家共同筹划5件事情，你按时按量完成，这还不是真正的“有责任感”。智者千虑尚有一疏。大家思考得再全面，仍可能存在一些事情是我们没有想到的。因此，一旦遇到案件需要处理，我们常常会一遍遍问自己，我是否忘记了什么？这件事是否还有其他可能？手中的方案是否可以完美地解决问题？这才叫有责任感。“负责”要求每个人都是自己的CEO，你完成的工作任务有时并不能仅仅局限于明面上的要求，不仅是一项工作任务，不仅是一天8个小时的消耗，你真正要交付的，是对自己负责、对客户负责，是对未来未知的一切风险、困难、挫折负责。

法律服务行业，责任心是职业化的灵魂。一位优秀的律师，必须是具有责任心的人。律师工作同时也是个精细活，细致是基本功和基本要求。某种程度上而言，律师就像是手艺人，需要用心去拟定诉讼策略，判断诉讼方向，梳理编排证据，雕琢文书用语。一份证据材料的遗漏，可能导致整个案件胜负逆转；一个程序环节的忽略，可能导致整个案件无法挽回。即使是一个小小的文字笔误，都可能让当事人、法官对你工作态度、专业水平不再信任，甚至可能因小失大，影响整个案件的走向。细致除了包含不能犯低级错误外，它还有另一层含义，那就是追求更加完善乃至完美。在完成自己的工作任务的同时，我们需要考虑工作成果接收者、使用者的需求，以美观、方便、实用为原则进行深加工，提升工作成果的档次。把简单的事情复杂化、专业化，把复杂的事情简单化、通俗化，这都是艺术。

律师需要对交给客户的工作成果负责。作为律师助理，要用同样高度的责任心和严谨的工作态度完成工作任务，找到的法律依据要准确严谨，观点要经得起考究，意见要具有可行性等。助理对自己的工作成果负责，就是有责任感的体现。

四、自驱力强

任何人真正地成长，都是自驱型的成长。学习永远都是自己的事情，成长也永远都是自己的事情。律师助理作为成年人，首先要明白工作是为了自己。不管今天天气如何，自己情绪如何，我们都必须做好手头的事情。具备自驱力的助理，不会因为和同事有矛盾摩擦，就放松对自己工作的要求，就好比学生不能因为讨厌某个老师，就不好好上课一样。毕竟，今后漫长的道路如何走下去，仍旧是自己的事。你需要带着自驱力去上班、去学习，不然耽搁和毁弃的是我们自己。面对挫折，不同的人可能会有两种思维模式：一种是固定型心态，“我一辈子就这么完了”；另一种是成长型心态，“一辈子很长，我还有机会去奋斗”。不同的心态决定了一个人进步和成就的大小。

例如，执业律师交代的任务是合同审核，这是律师助理的日常工作之一。我们在处理合同审核事务时，可能除了执业律师平时教授的经验之外，遇到自己感觉未能理解透彻的条款，可能需要自己购买相关的专业书籍去自学，甚至为了学习得更为深入，还可以在互联网上下载一些免费或付费的专业课程进行学习。虽然仅仅是一项合同审核的工作，却可能需要我们常常买书或者买课程，不仅仅需要几本书或者一两次课程，有时需要花时间去泡图书馆和书店，把和合同审查的相关书籍，尽可能多地借出来学习。把互联网上能够搜索到的与合同审查相关的课程，在时间允许的情况下，尽可能多地涉猎学习。学习的整个过程，还要倒逼自己把吸收的知识再输出。例如，可以写一些看法和感想，把相关知识逐步积累起来，甚至可以自己练习开讲，尝试把学到的知识分享给本所的年轻律师；可以尝试在律所内部讨论，争取其他专业律师的参与和点评；还可以尝试到喜马拉雅等免费的平台上去分享。用这样的学习方法，你才可以吸取同行智慧，获得正向反馈，真正学到知识，并且学到比别人更加专业、更加精深的知识，同时也可以提升个人影响力，这才是一个具备自驱力的“成年人”的成长路径。

真正优秀的人，不是他律而是自律。真正意义上的进步，不是他人推着你前进，而是自己推着自己前进。真正地成长，是自驱型成长。

五、执行力强悍

在广告圈有一句特别流行的话：一个好的策划可能会让公司腾

飞，一个烂的执行却会让公司倒闭。这句流行语，完美诠释了执行力有多重要！执业律师接受当事人委托处理案件，相当部分的工作实际上必须依托助理完成，此时，律师助理的执行力对于案件的成败就显得非常关键。

仔细留意你会发现，部分律师助理收到指派的工作任务后，会先问做这些有什么作用？为什么这样做？别人也是这样做的吗？在疑惑和不确定的情绪中，工作任务的完成期限一拖再拖，执行力成为一大短板。抱有这样心理的律师助理，说明还没有完成从学校到职场的转变。作为律师助理，排在第一位的永远应当是执行，执行，执行！只有具备强悍的执行力，快人一步完成工作任务，才可以在从容完成工作任务的同时，腾出手来应付其他不得不处理的突发情况。

日常工作中，律师助理了解工作目标后，如果遇到不懂的地方，可以快速上网查找相关的专业文章，或者请教所里处理过类似案件的其他同行，尽快把工作任务按照要求全面完成。哪怕是先完成任务的 1.0 版本，再去纠结为什么要这样做，理顺你做事的逻辑才能大大提升执行力。对布置任务的师傅要有信任。完成工作后，如果还有闲暇时间，再去探讨完成该项任务的方法和意义，可能让你能够更快解惑释疑。

我曾和一位执业 30 多年的资深律师合作案件，留意发现她总是“今日事，今日毕”。和客户开会沟通过后，明晰了工作任务，她哪怕忙到半夜，也要把工作成果当晚发送给客户。有一次，客户讨论案件时提到了另外一个案件，可能也需要处理。这位资深律师马上要求客户把相关材料第一时间发来，抓紧时间看完材料后，她居然在客户尚未谈及律师费用的情况下，直接写出了起诉状并发送给我校对完善。我有些奇怪地问她，客户还没有谈到代理和律师费的问题，您居然已经把前期工作做完了？她回答：写个起诉状对我们而言并不难，如果客户一旦同意委托我们，时间很紧，我们就可以马上帮客户先提交诉状。有前一个案件的委托合同做参考，客户如果委托我们，提出的律师费方案也不会有太大差异。果然第二天在外出放松的时候，客户打来电话，说公司同意立刻启动诉讼程序，希望我们今天就可以完成诉状，下午到法院递交诉状，代理费按照之前的合同执行。放下电话的第一时间，我就直接把诉状发给了客户，客户非常惊讶。接下来客户将诉状打印提交集团总公司审核盖章，我们同时赶到客户公司，立即着手准备证据清单。集团总公司在诉状上盖章完毕，我们的委托手续、证据清单也全部准备就绪，当天就成功立案，客户盛赞不已。这位资深律师的执行力给我留下了深刻的印象。

再伟大的战略，再科学的决策，如果不能得到有效的执行，也不过是水中月、镜中花。所有伟大的事情能够成功，第一要素就是能够立即得到执行。

具备上述强悍执行力的底层逻辑是，我们要做到客户第一、要事第一、完成任务第一。

代理案件必须时刻把客户的利益放在第一位。特别是诉讼案件，常见的情况是客户可能会在起诉期限剩余的最后几天才下定决心找律师代理案件。如果执业律师带领律师助理不能做到短期内的使命必达，客户肯定会用脚投票。在高手如林的律师行业，执业律师的“出货”速度，助理们的强悍执行力，才能让一个团队更快胜出。例如，我们的团队就大胆给客户承诺：关于合同审核工作的时间表，顾问公司如果是在当日中午12:00之前发来的合同，我们当天下午16:00之前完成审核。当日中午12:00之后发来的，我们会在当日24:00之前完成。当日18:00之后发来的合同，我们会在第二日中午12:00之前回复。收到每一份合同，要求在20分钟之内首先在微信群内初步回复客户需求，切实解决客户问题的时间期限不能超过24小时。具备执行力其实非常考验我们的专业能力，功夫在平时。律师助理们只有平时争分夺秒地学习，才能在关键时刻不掉链子。

希望每一位律师助理能够磨炼三观，端正人品，练好身体，增强责任心，成就自驱力，具有执行力五大优秀品质，祝愿你们能够由此终身成长并持续获得伯乐的赏识。

第七章　律师的执业风险防范

随着经济社会发展，中国对法律服务的需求量逐渐增加，助推了律师行业飞速发展。截至2021年年底，全国有将近3.65万多家律师事务所，执业律师人数57.48万多人。其中，30岁以下的律师人数达13.48万多人，30岁至50岁的律师人数达35.27万多人。[①] 执业律师人数从2007年的14.4万多人、律师事务所从1.36万多家[②]发展到2021年的规模，均保持了较快发展速度。行业规模的快速增长，带来的行业竞争和“内卷”现象也是前所未有的。很多青年律师为了拿到案源胡乱承诺，为了达到当事人的目的胡乱作为，一旦没有达到当事人的目的，当事人很容易通过互联网或自媒体迅速曝光，导致违规律师被司法局或律师协会处罚，这就是我们常

① 佚名：《2021年度律师、基层法律服务工作统计分析》，载司法部官网，http：//www.moj.gov.cn/pub/sfbgw/zwxxgk/fdzdgknr/fdzdgknrtjxx/202208/t20220815_461680.html。

② 参见司法部公布的统计数据，载中国服务贸易指南网，http：//tradeinservices.mofcom.gov.cn/article/tongji/guonei/buweitj/swbtj/200910/17182.html。

说的律师执业风险。如 2021 年，166 家律师事务所受到行政处罚，360 家律师事务所受到行业惩戒；1010 名律师受到行政处罚，2067 名律师受到行业惩戒。[①]

各行各业都有风险。青年律师在执业过程中发生的、与执业行为有关的，可能承担的一切不利的行业处分、行政处罚、民事赔偿、刑事犯罪、司法责任等后果，就是我们的红线。律师行业是一个高风险的行业。我们每天的工作，都是在合法与非法的钢丝绳上行走，必须要做到依法执业、诚信执业、规范执业，时刻提高警惕，才能降低和控制这些风险。

目前规范律师执业行为的法律法规不多，《中华人民共和国律师法》《律师执业行为规范（试行）》《律师协会会员违规行为处分规则（试行）》《律师办理刑事案件规范》《律师执业行为规范》《律师办理民事诉讼案件规范》《律师和律师事务所违法行为处罚办法》是各省市律师协会适用较多的处分依据。

除了能拿到案源，达到客户目标之外，我们更应该考虑执业风险问题。律师在执业中可能遇到的主要风险有哪些，又会受到何种处罚？

一、律师行业协会处分风险

违反行业规范：代理与自己有利益冲突的案件；同时代理刑事

---

① 佚名：《2021 年度律师、基层法律服务工作统计分析》，载司法部官网，http：//www. moj. gov. cn/pub/sfbgw/zwxxgk/fdzdgknr/fdzdgknrtjxx/202208/t20220815 _ 461680. html。

案件中两名以上犯罪嫌疑人的辩护律师；在委托人结束委托后不满1年时间，又接受对家委托代理诉讼；曾经担任法官或检察官，离任后2年内从事律师工作等行为；执业的律师与自己当事人、对方当事人之间存在直接或间接的利害关系；所提供的法律服务可能会损害一方当事人的权益。这些行为会受到训诫、警告、通报批评、公开谴责等纪律处分。

工作不勤勉尽职的行为：未取得当事人同意，擅自换律师开庭；由于律师费约定不清，拒绝出庭；私自代收当事人执行款；签收判决书后不通知当事人，导致超过上诉期限；超过财产续封时间提出执行申请，导致财产被转移等行为。这些行为除了会导致上一条的处分外，情节严重的，还会被中止会员权利或受到取消会员资格的纪律处分。由于律师的工作主要是接受当事人的委托，在法律规定的范围内，用自己的专业能力忠诚严谨地实现当事人的目标。自己平时必须要加强学习，向经验丰富的律师取经，提高业务能力，才能保证真实、完整、准确地完成当事人的委托。

违规收案、违规收费[①]：刑事案件中承诺“捞人”、民事案件中承诺“找关系”“案件公关”，因各种名目私自收取费用。很多当事人在律师完成代理事项后，由于对代理结果不满意或觉得收费太高而不能接受，投诉至律协要求退费，情节严重的，会被公开谴责、中止会员权利或取消会员资格。而私自收费的律师，必须退费，也要面临行业处分和行政处分，还可能终身禁业。随着移动手机、互联网、自媒体的普及，如果青年律师违法承诺，可能会被当

---

① 这也是被当事人投诉最多的违规执业行为。

事人录音、录像、拍照，反被保存了违法证据。

不正当争揽业务的违规行为：虚假宣传、虚假承诺并书面保证当事人无罪、在派出所的路牌上打广告、在法院或看守所门口私自设立咨询公司、1元投标、给回扣、贬低竞争、未经当事人许可而公开当事人信息等。这里涉及当事人、委托人、各方律师、推荐人、媒体广告等多个主体，违规行为多样。很多青年律师并不知道这是违规行为，以为在自己身边存在的就是合理的。

以不正当方式影响案件办理的行为：伪造当事人的授权委托书、伪造公章、伪造裁判文书、虚假诉讼、开庭侮辱诽谤对方、在微信或微博等网络上恶意炒作案件、怂恿当事人闹事或信访。由于律师是重要的法律工作者，代表着公平正义，这些行为极容易被公众关注和转发，从而扩大负面影响。在政治、法律、文化、经济等方面，律师是用专业化、职业化影响社会大众的生活方式、思维方式、道德规范、平衡公权力与私权利。在我们提供法律服务的过程中，也承担着监督司法机关行权、为弱势群体提供帮助的作用。因此，我们必须要规范自己的一言一行，而不是用违规行为加深法律共同体之间的矛盾。

特别是在刑事案件的代理过程中，违规行为集中体现在会见犯罪嫌疑人时，帮家属打电话联络及传递书信、香烟、现金、食品等。这些行为看似是小事，实则严重影响司法活动。如，用手机帮助犯罪嫌疑人联系家属，有可能是通风报信或串供，导致案件侦破变得困难，证据可能被毁灭，其他嫌疑人可能逃跑等后果。律师给嫌疑人送香烟，违反了监管纪律，有可能嫌疑人偷偷吸食时导致仓房火灾。很多青年律师经不起当事人亲属的一味求情，会冒险作出禁止性行为，那么情节严重的后果将是取消会员资格的纪律处分。

二、行政处罚风险

律师转所；律所变更牌照还未完成，就以新所名义承接案件，自己租办公室接待客户；承诺免费代理诉讼；用个人微信收律师费；提交虚假材料通过实习考核；自己开公司营业；利用会见的机会，帮助犯罪嫌疑人串供；向仲裁庭提交虚假律师费发票；违反法庭纪律；未经法庭允许擅自退庭；案件败诉后，在网络上散布对国家、社会、法院不利的言辞；尽职调查中存在虚假记载；对事实未查验清楚，存在重大遗漏；未能排除风险；未能发现关联交易与非执业律师合资开律所；制造或提供虚假证据等。这些行为将会被司法局给予警告、罚款、没收违法所得、停止执业、吊销执业证等处罚。当然，涉及证券业务的将会由证监会作出行政处罚，涉及偷税漏税的由税局处罚等。

三、民事赔偿责任风险

历史诉讼情况询问方面。委托律师时，当事人未告知同一事实已经起诉并撤诉过，律师也未询问历史诉讼情况，导致立案后，被法院以撤诉后6个月内没有新情况、新理由又起诉的，驳回当事人的起诉。当事人投诉，要求律师退还律师费，律师不同意。当事人起诉至法院，要求退还律师费并赔偿损失。法院判决，律所在履约过程中存在过错，应承担违约赔偿责任。①

担保期间提示方面。民间借贷担保纠纷中，律师未提示担保期间已经过期的风险，导致担保人的保证责任已经免除，当事人的诉求请求被法院全部驳回。当事人起诉律所，要求承担连带赔偿损失。法院判决，代理律师声称已经告知保证期限过期问题，但是没有提供证据证明，因此，律师代理案件存在过错。但是，当事人在签订委托合同后没有出具授权委托，没有支付律所垫付的诉讼费，而是自行向债务人追款，也没有将追款情况告知律所，因此，双方均有过错，律所酌情赔偿 10% 的损失。

裁判文书转交方面。代理律师未向当事人转交一审判决书，导致超过上诉期，律师的行为存在过错，应承担 30% 的赔偿责任。

其他不当诉讼行为。提起诉讼时，未经当事人同意代替签名；制定错误的诉讼策略，导致案件被撤诉或败诉；提起诉讼时，适用旧法，导致获赔金额减少；未及时申请诉讼保全或续封，导致当事人损失的；忘记开庭时间，被法院以撤诉为由判决的；未妥善管理好证据原件，导致证据材料灭失的；未经当事人同意，擅自撤诉或调解的；错过法定申请强制执行期限，导致当事人损失的。

一般来说，律师不会故意造成当事人损失，基本上是由于自己的能力水平有限、法律知识掌握不牢靠，做事不认真、不谨慎、事实没搞清楚、证据分析错误、程序遗漏等过失行为造成的，这些过失很容易给当事人带来损失。当事人会先行起诉律所要求承担赔偿

---

① 根据《中华人民共和国律师法》第 54 条、《律师和律师事务所违法行为处罚办法》第 46 条均规定，律师违法执业或者因过错给当事人造成损害的，由其所在的律所承担赔偿责任。律所赔偿后，可以向有故意或者重大过失行为的律师追偿。

责任，如果法院判决这些行为确实属于重大过失，那么法官会根据双方的过错程度，判决承担赔偿责任。如果案件标的额小，后果还能接受；但是如果标的额大，后果是非常恐怖的。律所除了赔偿之外，律师有可能会被吊销执照。

四、刑事赔偿责任风险

出具虚假法律意见书。在审核房屋贷款材料时，律师未尽职审查当事人的身份、收入等资料的真实性，向放款银行出具内容严重失实的法律意见书，导致银行向申请人发放贷款高达千万元，损失巨大，构成出具证明文件重大失实罪。[①]

作出虚假承诺收取费用。代理刑事案件时，律师以“找关系”“捞人”为由，收取高额律师费，最后不仅没有达到当事人目标，还拒绝退钱，导致当事人报案，构成诈骗罪。

诱导出具虚假材料。在某个强奸罪代理时，律师为了帮助犯罪嫌疑人逃脱法律制裁，诱导被害人写下嫌疑人不知道其真实年龄的虚假材料提交公安。律师作为刑事案件的辩护人，诱导被害人改变事实，在公安机关做虚假陈述，并引导他人伪造被害人身份证明，伪造虚假证据，构成辩护人伪造证据罪。

制造虚假诉讼。某些民间借贷案件中，当事人为了逃避还款责

---

① 刑事责任的法律依据是《中华人民共和国刑法》第 306 条，在刑事诉讼中，辩护人、诉讼代理人毁灭、伪造证据，帮助当事人毁灭、伪造证据，威胁、引诱证人违背事实改变证言或者作伪证的，处 3 年以下有期徒刑或者拘役；情节严重的，处 3 年以上 7 年以下有期徒刑。这条被称为律师头顶上的“达摩克利斯之剑”，时刻警示着律师的执业风险。我们必须要处处小心，以免一念之差，毁掉自己的一生。

任，由律师协助故意另案制造虚假诉讼，让当事人的钱款不用归还，构成虚假诉讼罪。

这些行为都是年轻律师“无知者无畏”、心存侥幸、想赚快钱等错误认知所造成的。律师在当事人的违法犯罪行为中，充当了帮凶、从犯、“狗头军师”的角色，凭着自己对法律一知半解的认知，与当事人共同策划犯罪，甚至是单独实施犯罪行为。法院判决此类案件时，一般不会划分律师与当事人的主从责任，因为律师属于明知故犯，不能给予从轻、减轻、免除处罚的判决。

“小心驶得万年船”，我们必须要在自己的信仰、认知觉悟、职业道德、执业纪律、业务能力等方面，从严要求和管理自己，诚实守信才能走得更安全、更长远。

律师执业过程中，除了可能触犯的行政处罚、民事赔偿、刑事犯罪的法律风险之外，还有可能存在当事人泄愤导致的人身伤害的风险，律师沟通不当导致的社会否定性评价、名誉风险等。

五、如何防止风险

第一，作为重要的法律工作者，在法律面前，要始终心有所畏、言有所戒、行有所止，不越红线、不逾底线，做一名知法懂法守法敬法的好公民。

第二，千里之行始于足下，要刻苦磨炼法律知识储备等基本功，精准掌握并灵活运用所有的法律技能，在司法实践中持续锻造自己。

第三，诚实守信是律师执业终身的初心，如果违背了自己的初心，将会带来严重的社会危害，也会最终害了自己，因此，要始终诚信谨慎。

第八章　哪些公检法人员适合辞职当律师

在公检法工作，通过司法考试的同志，我想大部分人曾考虑过辞职当律师，很多公检法的朋友也曾经问我这个问题。今天我想从一个管理者的角度谈一下这个话题。

一、你为什么要辞职

有一个法院的朋友跟我说，他在一个二线城市的中级人民法院工作。他不仅一年要处理几百个案件，每天例行公事周而复始地开庭、调解、写判决、应对结案系统，还不得不肩负着开会、学习、扶贫、创文、写讲话文稿等工作，每一天的工作量需要“飞起”。工作二十多年，每年收入不过 30 万元左右，还是名普通的员额法官，而自己好多当律师的同学，一年的收入已经超过 100 万元。他觉得自己的收入与付出不成正比，这就是他想辞职出来当律师最主要的原因。

我给他算了一笔账，一个二线城市，一年毛收入达到 100 万元的律师，可以说是很不错的业绩了。但他想过没有，律师所有的费用，小到买一支笔、大到百分之十几的税收都需要自己来处理，这些费用大约占到毛收入的四成，最后能留下来的净收入，最多也就是六成，大约 60 万元。可能大家觉得 60 万元还不错，也是法官工资的两倍。

但大家要考虑两个问题：

一是退休工资与医疗保障。公务员的退休工资和医疗费用有各级财政支持，律师的退休工资及医疗服务需要自己及时缴纳养老保险、医疗保险或购买商业保险。以公务员领取 20 年退休工资为例，每年可以有 10 万元的收入，也就是一年收入有 40 万元，60 万元相对于 40 万元，看起来还是有一定优势，但我如果把第二个理由说给你听，你可能就不会这么认为了。

二是高收入律师仅为律师行业少数人群。不是每一名律师都能达到 100 万元以上收入，每个行业都存在二八定律，能达到这个水平的人，概率可能只有 20%，你想能不能确保你成为 20% 的人。最让人担心的是，你每天都要为下个月或下一年的业务担忧，这种不确定性对于大部分体制外的人来说，永远是一个无法回避的问题。相反体制内收入稳定，各项福利健全（比如五险一金、过节福利、单位提供工作餐、健身房、带薪培训等），无论什么时候都是旱涝保收，这种稳定给体制内的人带来的稳稳幸福感是其他行业所不能替代的。在大家的普遍认知中，律师行业属于精英行业，出入开名车、挎名包、戴名表……表面的繁华和光鲜让很多人倍感羡慕。实际上，这些光鲜的行头只是业务需要，背后可能是债务累累、压力重重，尤其是实习律师和刚执业不久的青年律师，有时可能生存都有问题。不要被律师的高收入高自由所迷惑，这有可能是很多律师朋友的一种营销方式，理想很丰满，现实很骨感。

一个检察院的朋友跟我说，他觉得自己在体制内每天都是办同样的案件，感觉办这些案件也没有什么意义，无法实现自己的法治梦想。同时感觉自己能看到未来 20 年的自己，不会有太大的改变，觉得这样下去不会有什么成长，急于去改变现状。这其实仅仅是一种职业的倦怠感，每一个行业，每一个长时期工作的人都会遇到这样的问题。但这是你辞职的理由吗？我想这不是。作为处于职业倦怠期的你：一是可以找个朋友把情绪抒发出来，让自己的情绪得到疏导；二是从自己的工作寻找工作的意义。“你办的不是案子，而是别人的人生”，这句话我觉得应该引起每一名司法工作者深思。我们办的这些案子不就是为实现社会的公平正义而努力吗？这和律师办案有任何区别吗？如果你是这种想法，我建议你再好好考虑一下。

什么样的人适合辞职呢？这个没有绝对的标准。我们用第一性的原理来看待这个问题。你最想要解决的问题是什么？什么是你衡量幸福的标准？如果你是一个很喜欢金钱的人，觉得钱多就幸福，1 年的净收入一定要在 100 万元以上。那你别无选择，当公务员无法满足你的需求，你应该果断辞职，越早越好。如果你是一个特别喜欢挑战的人，想每天拥抱不确定性，享受高投入高回报的生活，与其每天品尝不满足于现状的痛苦，不如痛痛快快来一个华丽的转身——果断丢开户口、官位、安全感、确定性，在自己被时代淘汰之前，勇敢地去把握机会，重新创业、再创辉煌。

我想说的是，当你追问自己的灵魂，觉得什么是自己最想要的，你就去追寻它。只有这样，你才会找到你人生的幸福。

二、哪些辞职出来的人干得好

（一）有专业特长的人

“法律的生命不在于逻辑，而在于经验。”如果你在某个领域有较为丰富的办案经验，辞职做律师之时，不仅会自带体制的光环，而且会拥有专业能力的优势，更容易获得同事和当事人的认可。例如，有一位检察官，在职时获得过“全国优秀公诉人”称号，办过很多大案要案，所以当他辞职两年后，全年的营收就超过 300 万元。另外，我有一个好朋友，在法院的行政庭工作 10 年，他写了很多有关行政诉讼案件的文章，什么类型的行政案件都有研究，更重要的是，他了解案件各方人员的想法，通过几句话、几个表情，就能判断这个案件的大致走向。辞职之后，依靠自己过硬的业务知识，得到了行业内很多知名律师的认可，在短时间内取得了不错的成绩。如果你各方面的业务都懂一点，每一类案件都没有特别深入的研究，或者不是在办案一线或者办案很少，那么你转行做律师这条路将会比较艰辛和曲折。

（二）有客户资源的人

一些公检法的同志认为自己在这个行业工作这么久，各方面积累了很多人脉资源，辞职之后肯定会有一些案源，这其实就是大家认为的强关系。位置决定关系。你当时在体制内，别人会给你面子，出来之后，你没有了这个身份，大家肯定不会和你像以前这么关系好。如果你到时还要找他们帮忙，他们会觉得你是想利用他，这些人会有意无意地远离你。熟人都很难发展成客户，不熟的人那肯定更难变成客户。

根据弱关系理论，现在发展人脉最好的方式，不是你去认识谁，而是让别人主动来认识你。

一是拥有对他人有用的价值。你的价值从何而来，关键是你的专业素养被认可、被尊重，也代表了你具有某项特别被别人需要的能力或技巧。这种能力或技巧，或许是你在某一诉讼领域特别擅长，或许是你对某一部法律的了解特别透彻，或许是你特别擅长化繁为简解决问题……这些就是你能提供给别人的价值。有了价值发现，彼此就会有信任。客户当然信任业务特别专业，综合实力较强，性价比最高的律师。对于律师和律所而言，有了客户，就有了一切可能。

二是让更多的人认识你。现在这个社会强调的是弱关系，如果你辞职当律师，那么你需要让更多的人认识，说句通俗的话，就是你要通过不同的平台展示你自己。只要你在朋友圈告诉大家你辞职当律师了，而他们又正需要这方面的律师，你就很容易获得客户。有一个法官，平常喜欢总结业务方面的问题，经常去各大律所和企业讲课。很多律师有什么专业难题都会咨询他，他也非常乐于帮助别人解答实务中的问题。当他辞职出来后，很多律师有大案子，就主动找到他，与他一起合作，最后他通过这种方式获得了很多客户。因此，如果你辞职之前已经积累了一些潜在的客户，那么恭喜你，你的未雨绸缪将会大大缩短你辞职出来的阵痛期。

（三）有持续学习能力的人

时刻关注社会新动态，持续学习获取新的解决方案，是律师行业必须具备的基本素质。否则，你能接会办的案件领域将一天天地萎缩，结果是完全不可持续。如果转行做律师，想成为律师行业的头部精英，那么公检法的伙伴们在知识的储备上具有先天的优势。

在原工作岗位掌握的法律专业知识，能让你在生存这件事上，发挥大概只有 20% 的作用。如果你能静下心来，在律师行业熬上 3—5 年，就可以熟练掌握各种沟通、谈判、演讲、时间管理、品牌打造等技能。这些技能大概可以发挥的也只有 30% 的作用。真正能让你与他人拉开差距的，就是剩余的 50%，是一个人对于学习的态度！持续学习的自驱力是没人可以教的，只有自己去坚持、沉淀、锤炼。

要在律师行业实现可持续发展，需要放下过往、端正态度、持续学习，做一个长期主义者！一些公检法的朋友连 PPT 使用得都不是很熟练，而且也不愿意去学习，但这却是律师行业最基本的执业技能之一。当你迈入律师行业之后，如果不去认真学习，肯定就会被这个行业淘汰。律师不像公检法的办案人员，不仅仅需要一技之长，更要成为复合型人才，每天不断的学习是复合型人才的基本要求。

（四）心态转变快的人

公务员辞职做律师，其实就是一次创业，自己当自己的老板，这时最重要的是转变心态，成功地融入律师行业。

一是要主动拥抱不确定性。摒弃等待思维，主动积极作为。尤其是开拓业务方面，多与不同行业的人接触，这样才能在竞争中取得优势。选择做律师，就是选择走上一条高速公路，你不超车就会被超车；你不进攻，就会被击败，逆水行舟，不进则退。

二是转变职业惯性。法官和检察官在维护当事人利益方面，很多事情往往会基于社会公平正义的心理，即使成为执业律师之后，心理上一时也难以转变心态。我有一个朋友是从检察院辞职出来的，他跟我说他永远也不会帮毒犯辩护，因为他们对社会的危害太大。其实，这就是他追求社会公平正义的心理在起作用，这并没有错，但从维护当事人的权益来说，这种行为是不妥的。

三是要把自己从甲方变成乙方。办案时，法官或检察官其实是处于甲方的位置，其他的人以他们为中心，工作进展是以他们的节奏为准。转行做律师之后，法官、检察官最大的问题就是没有乙方思维。遇到一些态度一般的法官、检察官时，就感觉特别难以适应，觉得司法环境怎么会这样。失去体制的光环，如何处理好与政府机关单位的关系、如何在现有的司法环境下据理据法力争维护好当事人的利益，这些都是非常重要且需要及时考虑的问题。

三、选择最适合自己的执业方式

如果你真的决定辞职出来当律师了，那么你辞职之初的选择就非常重要了。最后，针对“准律师”伙伴们的职业规划需求，我再嘱咐几句。大家要针对自己的情况，选择最适合自己的方式。

（一）无案源的人

如果是从公检法辞职出来的年轻律师，自己没有案源，需要慢慢开拓，建议找到一个专业化精深的团队，从律师助理或授薪律师做起，找到愿意倾学相教的师父，把一个垂直领域学透，这样能更快出成果，更容易显露个人影响力，从而拿到案源。我有一个同学，当时他已经在法院工作多年，为了解决两地分居，他不得不辞职出来。当时他个人觉得案源很不固定，收入就会存在问题，后面他选择去企业当法务3年，再去当律师。执业时，他找了一个当地很有名的律师做自己的师父，除了拿固定的工资之外，还有提成，整年算下来收入也挺可观。不过有点让他后悔的是，他辞职之后不应该去当法务，应该直接辞职出来当律师。他说辞职的人一定要有自信，不能让自己限制自己的发展，只要努力工作是不会饿死的。

在公检法工作多年的办案人员辞职之后，如果有一技之长但没有固定案源的，可以先选择一家专业型律所成为授薪律师，比如尚权所只做刑事业务、天同所专注于高端民商事和再审案件等。这样既可能有稳定的收入，又能结合自己的所长不断地精进业务水平，成为这个领域真正的大咖。

（二）有案源的人

从公检法辞职出来的人，其实就是选择了创业之路，自己当自己的老板。我个人认为如果有机会，一定要有自己的律师事务所或成为高级合伙人。如果在辞职前已经积累了足够的案源，可以完全养活自己，那就可以做律所的合伙人。合伙人有自己的团队，有自己的客户群体，收入颇丰，同时，还能养团队助理，做品牌，做自己的事业。

第二篇　获取客户技能

第九章　如何获客

在我执业初期的几年，最头痛的莫过于如何获客？每天羡慕地看着律所中某些大咖律师的办公室门口，排着队等候叫号的大老板们一个接着一个，心里很是奇怪，这些优质客户是从何而来的呢？为什么他们只找这位大咖律师呢？他们到底是如何吸引众多优质客户的呢？

经过多年的观察，我发现，年轻律师要获得优质客户，不外乎两种方式，即传统式和创新式。

一、传统模式

传统式就是大咖律师们通常所说的“混圈子”。

斯坦福大学研究中心曾有个研究结果，说：一个人最终能取得的成就，12.5%来自知识，87.5%来自人脉。

那么我们如何能通过“混圈子”，建立人脉，从而成交呢？

（一）熟人圈子

亲戚、朋友、同学、老乡、校友等，就是我们的熟人圈子。这个圈子有长期的信任，是我们最先可以触达的客户。我们需要经常为这个圈子的人，提供免费的法律服务。例如，咨询、跑腿办事、代写文书、修改诉状等。中国是一个人情社会，你免费帮别人干了几次活，别人下次有赚钱的机会，也一定会想起你，报答你。

一位刚刚执业的律师，每天早上 7 点在老乡群里发法律新闻，让大家知道他是律师，大事小事就想着问问他，他也因此成为这个圈子里最热心、最专业的律师。

从熟悉的人开始拓展，成本低、成功率高，能迅速降低“万事开头难”的难度。如果你还有一定的专业性和靠谱的人品，通过这个圈子很容易慢慢辐射到部分高端人群。

（二）兴趣爱好圈子

从自己的兴趣爱好出发，更容易成事。例如，篮球、羽毛球、高尔夫球、徒步、书法、舞蹈、演讲等活动，选择自己喜欢的项目，全身心参与。既锻炼身体、陶冶情操，又寓“客户”于乐，与有共同爱好的律师同行或非同行一起，广交朋友。由于大家都是在放松状态下认识，并不会带着防备的心理交往，因此，能够迅速活络并产生信任，以后有法律服务的机会也能马上想到你。

一位热爱篮球的年轻律师，积极报名参加各种比赛，只要有人缺席无法参赛，他都是随叫随到、及时补位。每次有问题，大家都会第一时间想起他，召唤他一起参加。短短时间内，他也成为了那个圈子里逢人必被夸的好律师。任何人有法律问题，都会第一时间请教他或者向朋友推荐他。很快，他也不愁案源问题了。

在这些活动中，如果你表现突出，事事争先，多奉献、不求回报，获得大家一致好评，更容易出圈吸引大佬们的注意，获得额外收益的机会。

（三）学习圈子

律师是一个专业性很强的技术活，平时要养成长期学习的习惯，律师协会或者各个律所的沙龙、研讨会、交流会、座谈会等都是良好的学习圈。

在获客的过程中，会同时遇到“搞定人”和“搞定事”的问题。当你从各种圈子里获得了客户，但是由于自己资历浅，很多法律问题并不能给出客户满意的答案，这时，就需要去请教有经验的人。全国各地的律师协会，为了帮助年轻律师成长，会定期举办各种线上和线下的学习活动。各家律师事务所为了提高自己的竞争力，也会在律所内部定期举办资深律师的知识交流活动。

如果有意识地参加这些活动，并做好提问准备，可以很快获得自己想要的知识技能。另外，如果自己提问或交流的内容足够精深，也能吸引大咖律师们的注意力，给予你更多额外的解答。

在律协举办的某次主题沙龙活动中，一位年轻律师对困扰自己的问题提出了全面的看法和意见，请教授课老师。由于准备非常充分，授课老师也被问倒了。老师与他主动交换了微信，他获得线下与老师交流的机会。后来，老师发现他热爱学习，凡是涉及这个专业的小案件，都外包给他处理。由于客户有这位老师的信用背书，因此付费能力很强，年轻律师很快解决了生存问题。

在学习圈里认真的学习：一是可以免费提升自己的知识技能；二是可以认识更多的专业大咖，为自己以后事业发展积聚人脉；三是可以吸引更多同频人相识，为以后与同行合作，获得推荐案源，一步一步打下基础。

（四）公益普法活动圈

各地司法局、法律援助中心、居委会、街道办、村委会、妇联、工商联不定期组织的公益普法、法律援助、社区服务上门、送法下乡等活动，也是获得客户的渠道之一。这些活动举办的初衷，是帮助弱势群体。年轻律师参与其中，不仅可以锻炼自己的学识能力，用法律为老百姓造福，还有可能获得媒体报道的机会，在各种官方媒体上曝光。对于扩大自己的影响力，效果是非常好的。

一位年轻女律师，执业之初就非常注重参加律协女律师委员会的活动，不仅多次在街头摆摊咨询，还积极与各居委会联系，协助居委会每周开设女性婚姻法律服务的小讲堂，维护女性合法权益。由于她本人为女性，亲和力强，耐心处理社区居民的家长里短，获得很多好评。很快，附近社区的其他居民也报名参加学习。小讲堂开始名扬乡里，街道办也开始重视，联系多家媒体报道后，很多女性客户纷纷找到她，请她代理案件。最终，她也选择了婚姻家庭纠纷作为自己的主攻方向。

（五）商会、行业协会、私董会、MBA（EMBA）商学院圈子

很多优质的B端企业客户，都集中在商圈之中。年轻律师如果愿意投入一点，可以报名购买商会或行业协会的会员资格。对自己感兴趣的专业协会或者某个行业协会，加入其中，积极参加商会各种活动。在活动之中多结交朋友，大胆发言，让高质量的对话树立自己在企业家心中的专业形象。

一位年轻律师仅仅花了2000元，购买了当地的跨境电商协会的会员资格。在协会组织的不同主题的游学访问活动中，他积极提问，了解企业的行业前景、商业模式、法律风险，回家后认真查找资料、查看裁判文书、写分析文章，投稿商会的公众号。经过短期的持续输出，商会聘请他作为专家组成员，为商会更多的商业决策层服务。这位律师很快就拿下了3家法律顾问单位，轻松解决了生存问题，并逐步进入高层。

进入高层后，就有可能加入私董会的圈子，可以获得与更多优质客户长期相守相伴的机会。可以一起学习、一起旅游、一起开会、一起讨论某个商业主题，让自己快速成长，从而跨界破圈。

（六）律所同事圈

一些大型的律师事务所，通常像一个大超市，不同律师提供不

同的法律服务。大咖律师们经过多年的积累，已经功成名就，掌握了市场上 20% 的高端客户。他们众多社会活动中，大量产生的中小类型的案源也是年轻律师要争取拿下的机会。

在律所的日常工作之中，年轻律师要认真学习，积极参加律所的各项活动。在律所的微信群里，经常将自己的学习心得或者对社会事件的一些看法写出来、发出来，抱着诚恳的态度向大家请教。让大咖律师们很容易就能记住你，以后有类似的案源就会第一时间找到你合作。

一位年轻律师跟着师父做医疗纠纷案件，后来师父转所，她发现律所没有医疗专业的律师团队，于是留在原来律所。每天将医疗行业的最新热点新闻，从法律角度写自己的观感，再发到律所同事群。坚持 1 年之后，所有律师都知道她做医疗纠纷板块。但凡有此类案件，就第一时间找到她，互相协商一个合作分成的比例，就开干了！短短 2 年时间，她承包了律所几乎所有律师的医疗纠纷案件，很快就赚到 7 位数，买车买房了。

传统方式的获客，就是要从自己身边的熟人开始，寻找自己能迅速切入的圈层，从底层进入中层，从中层再进入高层，慢慢地拓展自己的客户渠道，用长期积累的口碑推荐拿下客户。这个过程，非常锻炼人与人交往的能力。这其中，可能多多少少免不了各种应酬的要求。

对于我，可能不想走一条传统的路。

师父带我出去见客户，催促我递上自己的名片，争取与客户保持联系。我都会倔强地拒绝，就是不递名片。我觉得，现在的我，还不够强大，无法给客户创造价值，也不想与客户事后保持联系，浪费客户的时间。所以，我不递名片，我宁愿把自己关起来，苦练基本功。期待自己专业足够强大的那一天，客户自然会来找我，向我递名片。

这个信念，一直支撑着我寻找一条“获客”的创新之路。

二、“专业 + 互联网”模式

执业之初，我尝试选择从互联网这个赛道入手，用客户思维来重新设计获客逻辑，找到适合自己的商业模型，走“专业 + 互联网”的模式，期待能达到快速获客成交的目标。

我从客户的角度开始思考。

优质客户是人，人多的地方，流量就多，成交的可能性就大，这些人会聚集在什么地方？他们有什么样的特点？我要用什么方式触达这个群体？他们为什么愿意与我成交？这 4 个问题，其实就是消费场景、客户画像、产品、个人品牌影响力的问题。

（一）关于消费场景

优质客户之所以优质，是因为他们具备强悍的解决问题的能力。因此，他们一旦遇到法律问题，会通过信得过的朋友圈推荐或者在互联网的公知领域寻找专业过硬的律师团队来处理。我们作为刚刚入行的年轻律师，大概率不会出现在他们信得过的朋友圈名单中。因此，我们只能从互联网的公知领域入手，穷尽一切方法，频繁出现在互联网上。

（二）关于客户画像

优质客户的年龄以30岁以上的群体为主，年收入在100万元以上。学习能力超强，跨界知识储备丰富。我们可以在性价比极高的线上商学院（例如，得到App、混沌大学App）、各行业大佬们的微信公众号社群中找到他们，与他们一起学习，成为像他们一样思考和做事的人，取得同频共振的信任。

（三）关于产品

优质客户喜欢做减法，我们应该奉行在某一个客户需求点上“打爆”，做垂直细分领域，获得更多的客户，赚取更高的利润。同时，优质客户笃信专业的事必须交给专业的人处理，有良好的知识付费习惯。我们应该拥有自己的拳头产品，才能更快触达客户。

规划一个产品，需要问自己7个问题：

1. 我的产品解决了什么问题？
2. 我在为谁解决这个问题？
3. 有多少人需要解决这个问题？
4. 目前人们是如何解决这个问题的？
5. 我的解决方案为什么能够在市场竞争中胜出？
6. 客户会在什么场景下选择付费？
7. 当客户遇到问题时，他会想到哪些律师？

例如，很多律师会挑选某一个行业作为研究对象，写100个法律风险点的专业文章发布在网上；或者针对某一类人群特别关心的焦点问题，持续研究并输出文章或组织线上分享课程。我们在做这些产品之前，一定要解决好上述7个问题，才能建构自己的“护城河”，在市场上拥有核心竞争力。

（四）关于个人品牌影响力

这是一个能让个人价值放大100倍的赛道。把自己拥有的专业知识或技能尽可能地传播，迅速吸引关注这个领域的粉丝，精细化运营私域，建立“靠谱律师”个人品牌的势能，获得不同商业圈的链接，然后出圈，成功触达优质客户。然而，这个赛道一直被很多律师同行们忽略或不屑。

梳理完上述4个问题，一个“互联网+法律”的商业模式基本成形了，也许能帮助我们缩小与资深律师们的差距，是一条实现弯道超车的“捷径”。

只要方向大致正确，我们就可以开始小步快跑，快速试错了。我是这样做的，先定位专业方向，然后刻意联系，最后坚持不懈。

第一，明确定位，找到自己的优势。

我自己的师父专注行政诉讼，我跟学了7年，期间完成了研究生学业和生孩子。因此，做助理的时间比一般的律师都要长。好处就是，专业知识稍微扎实一些。虽然行政诉讼不是我喜欢的方向，但是毕竟接触了 7 年，也算比较擅长吧。刚刚独立执业的第一年，很彷徨，没有方向。从女性角度，尝试了婚姻法方向，觉得客户婆婆妈妈、啰哩啰嗦而放弃。从自己本科英语专业的角度，尝试去美国考律师牌照，由于家庭牵挂，也放弃了。从公司法角度，尝试股权诉讼专业领域，发现市场竞争是红海，可能需要苦熬多年才能崭露头角，也放弃了。

思来想去，最终还是回到市场竞争少且自己擅长的行政诉讼领域。在这个领域中，又挑选一个更为细分的土地专业，专注处理疑难复杂土地诉讼。

第二，反复练习，形成固定的工作方法。

在执业的过程中，不断调整奔跑的姿势和方法。为了能够迅速找到疑难案件的突破点，我开始狂看判决书。凡是与土地诉讼有关的案例，我从一开始 3 天看一个案例，一直看不懂、一直查资料，到一天能看 2—3 个案例。坚持了 1 个月时间，发现了成功代理土地诉讼案件突破点的“五步法”（起诉期限、主体、事实、程序、法律适用）。为了“五步法”能够扎实落地，成为一个夯实的方法论，我又用了 5 个月的时间，把每一个步骤打深。

例如，针对“起诉期限”的练习，我先检索最高人民法院、各省高级人民法院公布的所有与土地诉讼有关的判决，然后锁定各方争议焦点之一是“起诉期限”的判决书。只看“起诉期限”的事实、审理查明、法院认为、判决结果，经过 1 个月有针对性的刻苦磨炼，我最多的一天看了 400 多份与“起诉期限”有关的判例，直到一拿起判决书就想吐的地步。反正刚独立，也没有案源，有大把时间看案例。

第三，循序渐进，多途径输出学习成果。

看了1个月之后，自己开始有了输出的欲望。但凡有机会向其他律师请教学习的时候，也刻意讨论这方面的内容，并将各方观点查证后，在电脑上记录下来。后来，为了不让自己看过的判决书“沉没”，我开始学习做大数据报告。针对看过的每份判决书的观点做知识整理、总结提炼，学画图表、做大数据报告，刊发微信公众号文章。

按照这样的方法，3个月做了3份大数据报告，就有同行通过微信公众号找到我，推荐了一位深圳的开发商客户并成交。后来，大数据报告做了1年左右、完成有关土地诉讼的20多份专业文章之后，案件量开始激增，99%的客户来自同行推荐。因为我当时的微信好友主要是律师同行，专业文章并不是畅销书籍的写法，还不能破圈。令人欣慰的是，当年创收就开始突破6位数。第二年，我开始输出更精深的内容，当年创收突破7位数。第三年，开始思考如何破圈，毕竟同行推荐能获得的利润还是很微薄的。

2019年，我每天逼自己写3000字，写了2年，60万字出炉。2020年新书《土地争议裁判规则与案例解析》正式出版。配合新书出版发布，开始尝试抖音运营，把文章变成简单易懂的文案发出，自己写自己播自己发。用了1年时间，粉丝量达到将近19万，创收突破6位数。2021年开始尝试在各大行业培训平台上讲课，开始做视频号运营。由于个人品牌影响力的扩大，一些优质客户开始从培训平台上找到我们，他们的支付能力超乎想象。2022年，开始在头条、知乎、哔哩哔哩、小红书、快手、喜马拉雅、荔枝微课、千聊等各大平台投放内容。同时在各大房地产企业云集的商会、协会里，持续线下开课或线上培训直播。

短短 3 年时间，我们从律师同行合作入手，着手解决土地诉讼太难、专业性极强、胜诉率低的问题。由于土地诉讼涉及行政诉讼、民事诉讼、各地政府不同政策文件的操作，一般律师遇到这样的问题，只能自己重新学习研究。而“民告官”诉讼，对手是行政机关，他们聘请的律师团队非常强悍，要打败对手，不仅仅是法律、行业知识的全面掌握，人性的洞察理解，更需要必胜的信心和勇气。客户在没有太多选择的前提下，我们很快就脱颖而出。

有客户在自己的朋友圈多方打听，到处找律师。但是，由于品牌影响力覆盖了全国，我们经常碰到的情况是，同一时间，几位律师同行推荐过来的居然都是同一个案件。这说明客户也在多家询问比较，但是最终案源还是归集到我们手上。

有一天，我坐在办公室写文章，突然接到西部某省最大一家开发商的咨询电话，要求代理数宗金额过亿元的土地争议案件。大家素昧平生，原来客户是从行内最好的一家法律培训机构开设的专业课程上找到我们，从而成交的。最终，我们足不出户就吸引到了优质客户。

在这背后，有商业模式的“捷径”，但没有努力学习的“捷径”。

从 3 年前没有一个客户，也开不了口向陌生人递名片，到今天感觉能轻松触达优质客户。这背后除了刻意练习，别无他法。

反观大咖律师们的传统成功之路，足够资深的专业积累，加上额外个人品牌的传播打造，其秘诀都是坚持和死磕。

反观自己的创新之路，就是定位，只做“难而正确的事情”，选择一个窄门进去，坚持数年如一日的勤奋、水滴石穿的磨炼、踏实做人踏实做事的态度，直至拥有持续为客户创造价值的能力，此时就会水到渠成，客户自来。

第十章　如何获取、维系大客户

律师行业所称的大客户，就是具有较大业务量、成交单价高、利润率高、不断复购的客户。这些客户通常经营业务范围相对广泛、财力雄厚，经营业绩较为稳定、具有良好市场声誉，且关注生产力和效率。因此，在处理大客户关系时，律师团队会提供更多定制化、全方位的服务。年轻律师首次与大客户相处，须记住要么技术取胜、要么服务取胜。特别是在自己的技术和服务都不是非常具有优势时，就要考虑差异化服务。

“技术取胜”意味着不仅要对客户了如指掌，更要对自己的法律服务方案了如指掌，这是基本功。

“技术取胜”要搞清楚，我们的客户是谁？客户的需求是什么？我们是否已经满足了客户的需求？是否还额外创造了价值？客户目前的经营状态如何？客户的行业结构怎么样？例如：客户行业的产业规模（总量大小、增长幅度等）、竞争状态

（完全竞争、寡头竞争、垄断竞争），以及上下游合作供应商分别是谁。一个企业，或多或少地带着行业的烙印，如需求性质、表达方式、思维模式，第一次见面你就要提前预习并读懂他们行业的共性，以及这家企业的特有个性。

我一般会在接触大客户之前给他们画像，并从以下四个维度，探求和谐相处之道。

一、客户是谁

客户是客人，是活生生的个体，因此在他理性需求的背后，必然掺杂诸多感性的诉求。这就免不了带有个体的习惯、爱好、态度等。除了在技术上进行尽职调查获取客户及公司相关数据之外，我还会重视他们的内在想法，分辨见面所说与其深刻所想的微妙差别，真正读懂客户企业的组织需求与客户老板的个人需求，有机平衡两个需求，才能服务好这个活生生的个体。

二、客户怎么样

大客户都是有核心竞争力的，你最好提前了解。我们客户的生存是靠品牌和营销？成本控制？管理与服务？渠道和垄断资源？你需要认清客户靠什么打天下。因为在客户深耕的领域，你贡献得越多，客户对你的认可就越多。这些可以通过了解客户的同行、合作者、行业风评、微信文章等渠道获取。

另外要注意，有时候你觉得自己的方案好、服务好，可在客户眼中可能是另一番光景。客户企业的文化和管理风格，决定他们看待事物价值的方式。所以你的思考、做事方式最好与客户趋同，或者至少能够理解并从心里接受客户的视角和评判方式，进而调整自己的价值主张、服务方案、技术核心竞争力。客户觉得好，才是真的好。当你与客户认知同频了，大客户也就不再生硬排斥你了。

三、客户要什么

客户要超凡的产品和技术，或者是能帮助他解决难题，一展紧锁的眉头。因此，了解客户的目标和需求，才能制定出自己与客户打交道的行为指南。如果打场官司，客户需要的是拖时间，那么你就不能催着法院结案，同时还要想尽办法，运用各种合法途径，延长诉讼程序。如果客户想要打一场胜仗，那么你就要与客户分析胜诉的路径以及不利因素。如果客户想要出口气，那么你要认真准备好庭审，在开庭抗辩时，慷慨激昂，挥洒自如，将对方打得落花流水，这时客户的体验最好。如果客户明知败局已定，只是为了能在交叉询问中获取一个对方自认的证据，那么你就要提前准备好问题清单，与客户充分沟通，以便在庭审中能熟练运用交叉询问技术，达到客户目标。

如果你是产品技术流，的确令人钦佩，好产品会说话，有技术腰杆子硬。可咱们年轻律师一开始都没有金刚钻，那我们就要靠你的双眼、靠你细心的体察、靠成就客户的诚心，才能揽到瓷器活。你要仔细观察客户在哪个环节有困难？例如，是找不到专业的律师团队？是不相信原来的代理律师？是律师费太贵？还是公司内部尚未形成统一意见？你需要在这些方面开动脑筋。又如，展示我们更多的胜诉案例，或找到客户不信任律师的深层原因，或分拆律师代理费的付款期数，或了解公司内部意见分歧的根本原因，通过这样的方法，让客户忽略你是年轻律师，不是技术流的瑕疵。

四、客户反馈如何

做了那么多，客户到底感觉如何？这就要看客户反馈了。如果客户的满意度比你的自我评价要差一些，你就要去找到偏差的原因。主动提高自己的服务标准，择优客户的正面反馈就会积少成多，进而形成对你的正面印象和评价。客户反馈，话语权出自管理层，但发言权却可能来自一线，多到客户工厂、公司、渠道和终端市场走走，设身处地地为客户想一想，改变自己的服务方案，完善现有的服务方式。这种接地气的做法肯定会得到客户的正面反馈。

例如，我们专注疑难复杂土地诉讼，有一个工作流程是必须要做的。每次与客户见面，必须让客户把地块本身、附近周边的照片、视频全部发来，我们要对整个争议范围有个心理预期。签订委托合同后，我们要第一时间赶到地块现场，测量、勘察地块情况，进一步做到心中有数。

同时，建议你要耐心倾听客户的需求，提出建设性意见，显出你的耐心和专业。对于客户交代的工作期限，一定要预留足够的时间，最好能提前交付方案，给客户留下守信的印象。这些会让名不见经传的你赢得不少加分。

可若没有金刚钻，如何能成功揽到客户的瓷器活呢？首先，你要仔细观察客户哪个环节有大困难。比如，客户的交付期常常遭到自己客户的批评，那你的产品方案可以缩短客户的准备、生产、运输的时间吗？这要在供货周期、合作节拍上开动脑筋。其次，在客户的合作方式上，要找到浪费时间的环节，调整自己的时间与任务安排。有了你的用心，客户运营可以玩得更转，他们的客户满意度得以明显提高，你的角色就能从单纯的供货商变成战略合作者。因为你成为了客户竞争力不可或缺的一个重要因素，客户优先选择你也理所应当。

如果在技术方面，我们一时半会还搞不懂，那么你提供差异化服务也能让客户对你满意。例如，接待客户之前，做好周全的服务准备——复印打印好材料，准备会议室、茶水、草稿纸、笔墨，接车，与客户沟通见面流程，这些细致的服务，会让客户很快记住你，在一堆的年轻律师中，你会有更快脱颖而出的机会。

例如，我的全日制学历是非法学专业，服务大客户没有技术上的优势，每次我都会提前确定好本次工作的目标红线，最坏不能在技术上出现致命的错误，最好能为客户创造价值。于是，我会把师父交代给我的工作全部提前准备，想好万全之策。在与客户沟通过程中，还不断临时增加服务。记得有一次冬天，外省大客户到达前1小时，天气大变，下着倾盆大雨，我看到客户名单中有女性，于是赶快向律所行政部求助，借用电吹风，准备韧劲好的纸巾，并临时煮上一壶红糖姜茶备用。等客户到达后，我马上带客户到洗手间擦干衣服，并拿出电吹风给客户吹头发。在会议室沟通时，我专门把红糖姜茶放在她面前。客户非常感动，当即签订合同。还把我们的服务场景拍照发回公司，让公司的行政部向我们学习。我的师父也连连称赞说，请了小宋律师，就像请了一家服务公司，她一个人把客户服务全部搞定了。

其实，与大客户相处融洽是有方法的。

首先，事前规划多用功，执行起来少改动。事前的计划最为重要，精心准备与客户的沟通方案，尽量不要调整。除非遇到实际情况的挑战需要微调。这样能保证给客户的安全感很好，大家行动配合快速，特别是大案件，客户多部门要协同处理时，更能提高效率，客户体验会非常好。

其次，速度与激情。大客户之所以能有这么强的支付能力，一般都是因为其策略准、执行狠。他们更喜欢你具有创新意识、强悍执行力、深度思考能力，懂得如何复盘，走出困境。除了有专业技术之外，你还必须是一个实干家，一个有目标、有坚定意志、有责任心、有成人之美的人。

再次，大客户更关注可交付成果而不是告知过程。你需要把精力放在要成就的事情上，心思放在客户身上。先想到要做成什么事情，会给客户带来多大进展和利益，然后再计算成本，这样大客户才能认可你。他们最怕你是传声筒，跑到法官那里，打听了不少信息，然后原原本本地汇报给客户。客户问你是怎么看、怎么想的，你却将那些信息原封不动地再说一遍。对客户的需求只看到露出来的冰山一角，只会随着客户的节拍走，工作没有主动性，这是最坏的习惯。

我自己每一次见大客户，就好像经历一场读心术，客户拿到台面上的需求清单犹如初恋时女孩子的话语，正话反说、话里藏话。如果不是提前做预案，估计只能机械地拼凑客户的需求，给出不着调的方案。

最后，如果你与客户相处能给客户更多的惊喜，是客户最开心的。因为，人与人相处，距离产生美。离得远没感觉，你始终是一个外人，无法走进客户的内心。离得近了，相互听到对方的心跳，喜乐与苦楚一并感受，可又少了一份独立存在的感觉。近了，腻了，无感了，客户关系走入灰色地带，就会有其他律师挤入并替代。时常给客户带来惊喜，一如生活中的小插曲。与你合作的部门及人员，他们得到公司表扬、业绩增长、行内认可，你都要在第一时间表达你的赞扬和钦佩。如果发现客户在某个交易行为缺少风险预判，你也要想尽办法，提供几个有分量的法律建议，并将该交易行为涉及的对方的经营情况、产品匹配、谈判注意事项都一一作书面说明。这样的书面意见，会让与你合作的部门或经办人得到领导的好感和好评，恐怕客户对你的需求会瞬间“爆表”。

我们总结一下，与大客户相处是一个持久战。我们必须有长期坚持的信念。伊索（Aesop）曾经说过：“疾驰的快马，往往只跑两个驿亭；从容的驴子，才能日夜兼程。”心急吃不了热豆腐，路遥知马力。做一个有信念的人，头脑清楚、内心平静，多投入，拥有不计较回报的执着劲头，才能收获客户的满意度。不仅要在乎目标的实现，更要在乎与客户相处过程中的学习和成长。

诚然我们需要在技术业务上积极有为，但是更要注意在态度上低调谨慎。特别是当我们与客户相处很好之时，客户的依赖性越强、评价越高，我们出问题的概率就越大。一部分原因是，我们会麻痹大意，更多的原因在于客户熟识之后的不合理的要求、过高的期望值。因此，我们每次与客户打交道都应该当做第一次合作，而不是依靠客户过往的认可和口碑。另外，遇到好的竞争对手时，我们应当多借鉴他们的做法，补强自己的弱项，把每次失败都当成自己成长的机会。

要记住，师父选择你服务大客户，肯定是因为你具有独特的价值。这种价值可能来自技术、服务或其他方面。先埋头做好自己手头的工作，让自己的工作成果成为客户心目中的标杆。此时不计较钱、不计较自己的得失。若是客户遇到了麻烦，不管是不是自己造成的，都要第一时间赶到现场，献计献策，共同担当，这才是与大客户相处的正道。

第十一章　通过讲课来获客

常人眼中，律师是精英阶层，律师行业是一个高大上的领域——业务成本和启动资金低、用工少，没有现金流压力，没有库存风险。其实，除了房租、人力成本外，律师行业最大的成本是时间成本和交易成本。

律师通过专业学习、法律职业资格考试、实习再到独立执业，基本上到了30岁左右的年纪。以执业35年计算，8小时/天的有效工作时间，累积工作时间约为10万个小时。无论你想服务多少位当事人、想代理多少案件，这个职业就像理发师一样，同时进来10位顾客，你也只能依次提供服务。因此，时间是律师最大的成本，无论你如何努力，每天有效工作时间就像漏斗里的水，滴一滴，少一滴，不可再生。

年轻律师对时间和交易成本之巨大感悟更深。因为没有建立充分的信任，客户一般不太相信年轻律师的能力，交易成本也随之增加。例如，客户经常问的问题是，“小姑娘，你做了多久了?”“小伙子，这个法律问题，我比你懂得多。”“你们先把法律服务方案做出来，然后我们挑选一下。”“参加我们的招标，记住价低者得之哦！”“我们与委托律师都是全风险代理的，打赢官司后才支付律师费哦！”“你们开价 1 万块，太贵了，我们咨询的其他律师，全案包完才收 5000 块！”言语之间，无不透露出对年轻律师的不信任。客户与律师反复沟通，一直免费咨询、不断索要咨询意见，导致时间一天一天流逝，却迟迟无法成交。

如何吸引客户并让客户信任自己，从而快速成交呢？一般的答案是，胜诉案例呀！对于刚刚起步的年轻律师，短时间内难以收获有影响力的胜诉案例。

独立执业之初，我也碰到上述困惑，经过学习商业知识，我发现了一个非常适合自己的“回路模型”。这个“回路模型”就是写文章、著书、开课（打造作品），新媒体运营（扩大个人影响力），咨询或委托诉讼（成交）三个环节。这三个环节互为促进、循环，我们首先必须要有优秀的专业文章，然后通过新媒体运营，在微信公众号、抖音、头条、微博、快手、B 站上推送，形成宣传矩阵，打造个人品牌。有了初具模型的个人品牌之后，就会吸引客户前来咨询。此时，在客户心中，你已经拥有专家光环，客户对你形成了天然的信任，成交的概率增加了。如果客户咨询后，没有成交，那么我们免费做的法律意见书、查询的所有法律规定都可以经过匿名化处理后，写成专业文章或者作为课程的知识点进行分享，以便吸引更多遇到相同或类似问题的客户前来成交。

本章我们主要分享“回路模型”中的一个环节，即如何开设专业课程来获客？今天我想从传统的课程设置和创新的课程设置这方面来讲一下我们是如何一步步通过优化课程设置来获客的？

一、传统的课程设置

在微信公众号推送我们的原创文章后，很多律师同行、各地律师协会、法律培训平台等都希望当面沟通，进一步答疑解惑。起初，我们在每周末组织线下课程，免费与同行们分享交流。我们是细分领域，很多律师同行接触比较少，因此，课程内容主要是围绕律师代理诉讼的角度分享我们的专业观点。

我们制作课程的步骤主要分为以下几点：

一是找案例。在裁判文书网上检索各级法院近三年与土地诉讼案件相关的判例数据，排名前十的案由分别是什么？对应的案例数是多少？

二是做调查。挑选 10 个案由，我们制作电子版的客户调查问卷，发放到各个律师群，收集初步数据和信息。

三是做分析。我们将同行最关心的问题与裁判文书案例结合，作出整体梳理并进行分享论证，形成大数据报告。

四是做交流。将大数据报告推送于微信公众号等线上平台。同时，发布该主题的线下课程预告，欢迎同行前来听课交流。课程结束后，还会录制成视频，连同课程文字稿免费推送在自己的公众号上。由于同行都具有法学专业的背景知识，沟通效率很高，不懂的问题也能迅速自行查找答案，同行们的体验感非常好。

逐渐，很多律师同行都知晓了我们团队，也帮忙转发和推荐客户前来合作。

一是法律培训平台。特别是行业内几个著名法律培训平台，他们发现国内很少有律师团队专注我们团队的细分垂直领域。他们经过客户调查草拟出课程提纲，随后建议我们创作系列课程。3 年来，我们基本上每月推出 1 门课程，在训练自己输出的同时，也接受同行们的检验。我独立执业的前 3 年，我们 99% 的案源来自律师同行的推荐。

二是行业协会。在 1 年多的时间里，我们的专业水平得到了不少律师的认可，推荐我们去各地行业协会讲课。新冠肺炎疫情之前，我们加入了广东省内 20 多家行业协会，也做好了全年的安排。但由于新冠肺炎疫情的暴发，我们只能在危机中寻找新机，及时调整输出形式。

三是线上培训。最初，我们把线下课程简单地搬到了线上，效果很差。线下课程时，客户可以面对面地看到我们，每一个动作、每一个表情，客户都可以及时捕捉和互动，很容易形成共鸣。线上直播开课，相当于单口相声，面对屏幕，自己一个人，少的时候，要讲 1 个小时，多的时候要讲上 2 天，完全找不到互动的感觉。作为律师，我没有经过单口相声的训练，自己一边要捧哏、一边要逗哏，那种表演的难度之大令我灰心丧气，各个法律培训平台的反馈也不佳。更糟糕的是，除了律师同行进入直播间，还有企业家、老百姓、法学院的学生、行政机关的法制工作人员等来自各行各业的人会观看。大家的教育背景不同，各自的工作生活场景也不同，理解力更不同。进入直播间的人很多，但是完整看完的人很少，以 1

小时的课程为例，大部分观众停留时间才5分多钟。这样的线上课程，不仅让律师同行们大失所望，逐渐掉粉，更降低了潜在客户的体验感。

二、创新的课程设置

我们痛定思痛，重新把控课程质量、重新塑造课程体系。

首先，明确开课的目的是什么。从课程逻辑出发，先问自己几个问题：（1）为什么要学这门课？最好结合当前社会热点，让客户感受到学这门课的必要性。（2）这门课对客户有什么好处？设计客户能够使用这门课的几个场景，让人一听，就觉得学习有价值。（3）为什么是我来讲述这门课？我的过往经历或专业度能够增加信任度。（4）这门课的课程大纲是什么？是否全部围绕着客户展开？是否能给出解决方案，而不是自嗨式分享。

其次，怎样让听众听得懂。把晦涩难懂的专业术语变成老百姓耳熟能详的例子。第一，每个人都喜欢听故事，采用讲故事的形式深入浅出地说明一个案例，更能吸引人。第二，请律所的其他律师帮忙校对文稿，通过手机连线的方式，事先把课讲一遍。让每个人对自己的直播内容、表现、气氛、节奏等给出建议。有一次，为了说明一个案例背后的法理，我去网上找了好几个成语故事，结合案情编写成故事，讲述给我们律所的前台、会计、行政主管、打扫卫生的阿姨、保安、年轻律师，再根据大家的反馈进一步修改文字稿。

再次，持之以恒。这样的过程坚持了2年，逐渐很多律师圈外的客户开始与我联系。例如，某位律师同行跟随着我们的微信公众号学习，已经是老粉丝。后来自己遇到自己的法律顾问单位（某市知名央企）的重大土地诉讼时，积极推荐我们专业团队提供服务。见面之前，客户已经愿意支付 1 万元/小时的咨询费，见面之后更是毅然决定签订价格过百万元的委托代理合同。从第一次电话沟通到见面签单，仅仅用了不到 3 天时间。

最后，善于捕捉热点。社会生活千变万化、纷繁复杂，我们要善于从社会生活中捕捉热点和问题。例如，我们在疫情之中敏锐地捕捉到，不少行政机关征用了老百姓房屋、企业的物资或设备，有可能涉及国家补偿或赔偿问题，我们迅速做了大数据报告分析，并开课。这门课程结束后的当天，我接到一个陌生的电话，这个电话是本市律师协会打来的。缘由是，某区政府的领导在他的朋友圈看到有人转发这门课程的海报，他也进入直播间看了一下，很快被我们的内容吸引，第二天领导找到司法局，让司法局找到我，主动聘请我做区政府的专家智库成员。我当时还以为这是骗子，赶快跑到市律师协会去证实是否有此领导，最后被证明是真的。通过讲课，意外收获了为政府部门提供法律服务的机会。

著名的建设工程律师朱树英老先生曾经说过："专业分工越细，越有出路。只要你成为了专家，人坐在屋里，都会有业务上门找你"，今天我们也践行着这句话，并小有成效。如果你有成为某个行业专家型律师的清晰定位，那么著书立作、线上线下讲课，是年轻律师实现弯道超车的有效路径。

随着知识经济时代的到来，整个社会对知识的需求越来越强，知识付费购买的是律师的专业知识。尽早掌握专业知识，尽可能避开法律红线，或者给客户提供经典案例深化对法律的正确理解，或者用法律给客户搭建一个场景让他理解遇到的困境及其后果，或者给客户提供认知之外的信息、角度，客户为此支付的费用与避险不及的风险成本相比，不值一提。

我们可以通过各种讲课培训、授课分享、写书等活动，在最短的时间内，提供最大的信息量和知识量，帮助客户节省时间。同时提高自己的软实力，花时间、精力、金钱，用利他的思想去打磨课程，通过传播放大自己的专业技能，在自媒体或其他的知识平台上变现。另外，一定要去大平台去讲课，那里的获客成本最低，随便一讲，就是上千人或上万人能够听到。

最后，讲课只是迅速建立客户信任并成交的商业模式中的一环，还有其他环节都不能弱，必须全面投入，最好是压倒性投入，打磨每一个环节，投入所有的时间、精力去“死磕”每个环节，只有这样，你才能迅速通过自己的专业能力和人格魅力，把法律服务做到极致，才能轻松坐等客户上门。

第十二章　准确把握客户心理

法律行业属于服务业，客户需求永远排在第一位。客户寻找律师，是想聘请专业人士，“采购”专业的法律知识和技能，满足自己的需求。我们要考虑清楚客户的需求是什么，才能私人定制解决方案，让客户满意。有的客户是要胜诉，有的是要拖时间，有的是贪便宜，有的想通过诉讼间接获得证据……

曾经有人说，客户心理是一切需求的起始点。只有准确掌握客户的内心，才能帮助我们快速成交。下面我们为大家介绍四种常见的客户心理：

一、意外所得心理

意外所得心理，是指当你的法律服务能够为客户创造额外的价值，客户就会觉得这是天上掉下来的馅饼，自然愿意慷慨地支付律师费。例如，我们一位企业家客户，5 年前参加了当地政府的招拍挂程序，购买了一块土地并进行开发建设。后来，政府对该区域土地利用的总体规划做出了调整，需要与企业签订补充协议，重新调整规划指标。由于专业水平有限，在没有完全看懂补充协议规划指标的情况下，企业管理人员就盲目签字盖章，导致变更规划后的土地面积被严重缩水。客户要求变更补充协议，拿回原来购买的土地面积。企业找到政府多次协商，政府以企业已经在多份文件上签字，自愿放弃土地面积为由，多次推诿，不肯归还土地，最终协商陷入僵局。多番咨询之后，客户找到我们团队。经过全面分析论证，我们发现本案翻案的可能性很小，但是我们在案件材料中惊喜地发现，调整后的规划红线，把已经建成 5 年的大楼划掉了一半，相当于一半的建筑物被认定为“违法建设”。因此，即使法院最终判决规划调整合法，补充协议签订有效，那么“被动的违法建设”也需要政府赔偿 700 多万元！当我们把这个额外的“收益”告知客户时，客户非常高兴，他们找了很多律师团队，都认为案件必输，没想到，我们在必输的案件之外，还帮客户填补了损失，客户毫不犹豫地与我们签订了委托代理合同。

二、恐惧心理

拿破仑曾说，“这个世界上有两根杠杆可以驱使人们行动，一种是利益，另一种则是恐惧”。我们经常会因为没有通过法考、没有做足庭前准备、找不到案源、失去工作、客户投诉等事情而感到恐惧，其实，我们真正恐惧的是“不确定性”，害怕“失去生意、工作、面子、名声、地位”，担心自己的能力等。

客户同样会因为不确定性而感受到恐惧，担心失去。如果我们知晓客户担心失去什么，那么先指出客户目前所面临的痛苦，加以分析并全面展开论证。如果客户不用你的解决方案，将可能带来哪些不良后果，他们会失去什么，让他们先产生一种恐惧心理，进而产生解决问题的需求。人们都迫切改变现状，不想总是处于担惊受怕之中，这样的心理能激发客户迅速采取行动，确定与律师签约。

我们代理的行政诉讼案件，都是“民告官”诉讼。如果不是自己的合法权利受到侵害，老百姓一般不会主动起诉政府，主动维权。例如，征收拆迁案件，不少老百姓怀揣着不确定性通过抖音咨询我们。问得最多的是，如果政府没有支付补偿款，自己能否不搬迁？能否坚守家园？强拆后，自己能否拿到补偿？面对这样的问题，我通常会询问客户理想的金额是多少，与政府愿意支付的金额有多大的差距？再确认客户宁愿通过诉讼寻求补偿的原因是什么？

如果政府支付的补偿款与诉求差距不大，我会解释诉讼途径的时间成本、人力成本、须具备的能力、强拆中可能会产生的冲突及后果等。一是向客户解释政府的行为是否违反法律规定，消除他们对法律无知带来的恐惧。二是向客户解释政府征收工作的具体流程和应对方式，进一步消除他们对政府行为及后果的恐惧。同时，根据与客户交谈获知的信息，建议客户选择协商解决的途径。

如果政府支付的补偿款与诉求差距较大，除了解释上述内容之外，我还会尽量提出一个足够简单、容易操作、可以现时上手、立现效果的解决方案，便于客户迅速降低决策成本、降低执行难度，至少能够马上解决“近忧”。

当然，法律服务并不是利用客户的恐惧心理来成交，而是激发客户了解我们的专业技术，并相信我们能够为其提供行之有效的解决方案。

三、情感诉求心理

很多客户打官司，目标并不一定是赢得诉讼。法律只是客户解决问题的一种方式。只要能帮助客户解决问题，用什么方式都行。既然解决问题的方法有多种，如果我们提前探知客户的诉求和具备的条件，就可以找到法律之外的解决方案，全面满足客户的需求。

例如，我们曾经代理过的一单行政诉讼案件，客户已经 70 多岁，他家在新中国成立前有一栋大宅子，已经被政府“征用”30 年,但是客户不认可，坚持打官司，要求拿回房屋或者诉请赔偿。经过多次诉讼，客户均败诉。通过朋友介绍，客户找到我们。他听说我们专注疑难复杂土地诉讼，就把最后一根救命稻草压在了我们身上。面对难度如此之高的诉讼，我们没有急于与客户签署合同，而是反复询问客户，明知会败诉，为什么要坚持官司打到底？原来，客户的父亲是一名医生，当年为了支持解放事业，将自己建立的一所医院捐赠给了政府。为了感激这位医生，当地政府赠送了一栋市中心的大宅子给客户。后来战乱，客户全家迁往国外，大宅子由于各种原因，已经变成某行政单位的办公用房并办理了产权手续。多年后，客户回国，向政府请求拿回大宅子未果，开启多轮诉讼。其实，客户在国外已经定居，并且过着不错的生活。为何明知超过 20 年的诉讼时效，仍然要走上艰难的维权之路？客户说，当年父亲在国外去世，临终时留下一句话，让孩子把祖业保住。听到这里，我心里就明白了。客户的诉求是要通过打官司给父亲一个交代。

之后，我与客户就中国的法律知识，特别是行政诉讼、民事诉讼新旧法的规定，最高人民法院的司法解释，一一沟通。因为客户是 20 世纪 50 年代的北大学子，学习能力超强，他不仅自己研究法律多年，还很善于学习各种新知识。历经 10 余次败诉，客户无数次抱怨司法不公。我觉得胜诉是次要的，最重要的是让客户知道，中国法律与外国法律的不同之处，降低他的负面情绪，才能解开心结，否则他的人生就要被这无穷无尽的败诉给毁了。于是，团队与客户经过了近 3 个月的沟通，客户终于知道案件卡在什么地方，为什么法院以超过 20 年诉讼时效为由驳回起诉。客户终于释怀，在签订委托合同时，他说，宋律师，案件就委托你们了，我很放心交给你们处理，无论结果如何，我都接受。案件走到今天，还没有结束，但是取得了比以前好很多的效果。客户在国外也生活得很开心，已经 80 岁高龄，也开始在朋友圈“晒”各种爬山、旅游。

我的感悟是，很多法律咨询，就是给客户做心理辅导。如果能帮助客户走出心理障碍，走出黑暗，走出孤独，那么成交也是顺理成章的事了。

四、沉没成本的心理

经济学的“沉没成本”指的是，过去已经发生的，现在不能改变或收回的成本。例如，选择不同律师所耗费的时间、金钱、精力或情感等。因此，客户在决定是否委托律师时，不仅会考虑聘请律师后能获得的收益，还会考虑没有聘请律师时，自己已经投入的成本。我们可以引导客户进行小额消费，让客户尝到甜头，使得他不甘放弃或者不舍得放弃，从而能够继续消费，成交更大金额的合同。

例如，我们对于一些已经聘请过律师的客户，会选择按小时报价咨询费，而不是直接报出诉讼代理费。我们会引导客户，不用直接决定委托我们代理诉讼，而是应该确认我们的诉讼方案是否适合？这样会让客户感觉我们更专业、更理性，更能站在客户的角度考虑问题。同时，我们的咨询费收取标准与大多数律所不同，一般按照半小时的标准计费。因为，我们专注疑难复杂土地诉讼多年，几乎所有的疑难案件，客户只要口述案情，我们基本就能抓准方向，半小时诉讼策略的沟通，绰绰有余。如果客户满意，下一步再见面详谈，再按小时收取咨询费。如果以后确定委托我们代理诉讼的，那么之前的咨询费会抵扣。这样的方案，让客户很容易接受。那些已经支付了咨询费的客户更容易复购。因为他们会想，我已经花了咨询费，这就是沉没成本，客户会认为在我们这继续委托诉讼才不会吃亏。因此，客户付出得越多，越容易成交。

有人说，这个世界上最难的有两件事：一是把自己的想法放进别人的脑袋；二是把别人的钱，放进自己的口袋。我们能够成交，其实是法律技术之外的其他因素决定的，其中的核心就是客户心理。例如，品牌定位、资源整合、渠道拓展。只有掌握了客户心理，才能定点输出法律价值，影响客户购买决策，轻松签单。

第十三章　报价谈判“九步法”

律师除了业务过硬，还要学会报价，才能让你的劳动付出物超所值。报价技巧与法律专业知识一样，都是律师执业的必修课程。只要系统掌握了报价成交的基本原理，再辅之以方法论，就能达到理想的效果。

影响报价能否成交的因素有哪些？首先，取决于交易双方是否有达成合作的意愿。如果任何一方缺少成交的诚意，那么不欢而散的结局就是大概率事件了。其次，取决于报价策略。基本策略是做到“知己知彼，百战不殆”，一方面我们要明确自己的目标、做到心中有底，清楚报价的底线；另一方面也要想尽一切办法熟悉对方的工作习惯，了解或者预判对方的底牌。最后，关键时刻作出适当让步。既要会争也要能舍，这样才能为实现长期的合作奠定基础。

除了掌握能否促成委托的影响因素、基本原理外，还需要掌握一些方法才能提高委托概率。

我们可能平时都会担心谁先出价可能谁就会占下风，其实，这不是必然的，要具体情况具体分析。那么如何报价呢？我总结了“九步法”。

一、要有足够的自信

进入报价阶段，我们很容易忽视一个信息，就是客户已经对你的法律产品、法律服务表示认可了，哪怕是脸上摆出一副嫌弃样子的客户，也只是一种谈价策略和姿态。

二、树立平等价值观

买卖是平等的，通过委托满足各自的需要，不是买方就能姿态高、卖方就必须姿态低。一味地低姿态反而会引起客户怀疑，让客户不尊重你，效果可能适得其反。

三、客户先报价

如果你觉得抹不开面子，可以让客户先报价。特别是有些案件，客户曾经聘请过律师，他们对该项法律服务的市场价已经有所了解，就让他们先报价。当然，需要注意的是，如果你们的服务是稀缺的，市场上很少有“参照物”，那么建议你先报价。否则，如果你准备收 1 万元，对方率先报价 3000 元，这样就会很被动了。

四、律师先报价

如果你对市场行情比客户更清楚，就要放心大胆地先报价、抢到主动权，让对方没有机会报低价。那么，我们具体报价多少才合适呢？根据我的经验，可以报三种价格——高价、市场价、低价。

1. **高价**。如果案件处理难度非常大，预估耗费时间会较多、团队投入的律师人数多或者有些是需要出省服务的客户，那么我们的成本太大，就会报高价。例如，我们接到一起西部偏远山区的土地诉讼案件，前期需要大量的时间与政府谈判，这样就会占用团队几名资深律师。虽然案件难度不大，但单程飞行时间就要 9 个小时，时间成本太高，我们就会报一个高价，让客户知难而退。同时我们也会建议客户，非不得已不用聘请遥远省份的律师团队，因为光是交通费都已经很吓人了。如果客户仍然接受这个价格，说明他对我们的品牌非常认可，同时也有支付能力。

当然，还要根据客户群体来定价。消费能力高的客户，听到更贵的价格感觉反而是好的。如果你报价很低，高净值客户就跑了，因为他就想要必胜，而低价是无法支撑胜诉的。另外，高价也会给自己更多的还价空间。特别是朋友推荐的案源，如果你报价后，朋友来帮忙讲价，希望你能给个面子，大多数情况下，我们也要把价格降一降。这个做法需要注意的隐患是，不要把价格报高到让客户觉得你没诚意或者感觉被“割了韭菜”。

2. **市场价**。一般客户身边都不缺律师，如果你的报价过高，往往很难成交，除非你有足够的“护城河”，客户非委托你不可。因此，报中等价格，与市场价接轨，是常态。中等价格后退的空间不多，意味着你实际对客户说的就是底价，需要你对自己的服务很自信。如果客户还要坚持讨价还价，我一般会主动对客户的来临表示感谢，并期待以后有机会再合作，主动结束报价，以维护自己的品牌形象。除非你很需要这单案件，否则的话，建议你可以假装离开谈判桌，看看客户的反应。如果客户没有反应，基本你就处于下风；如果客户有追出门来，那么你的策略就奏效了。

3. **低价**。对于自己专业中没有接触过的案件，我通常会低价拿下，目的是学习更多的知识，而不是以赚钱为目的。例如，执业之初，我没有做过太多的土地争议类案件，基本以低价吸引客户，自己则全身心投入，尽量学习更多的知识，从客户和案卷中汲取养分。记得第一次有行政机关来委托案件时，我非常激动，直接免费代理，但是附加条件，就是能安排我们给整个机关培训一次。目的也很明确，想用给行政机关培训的“光环”，为自己背书，方便今后吸引更多的客户。

五、包容对待客户的砍价

中国人喜欢讨价还价。客户杀价的目的，不一定是为了省钱，也许客户并不缺钱，只是为了获得低价买到超值商品的幸福感而已。在买卖平等的基础上，要允许砍价，完美报价的过程，其实也在给客户提供心理满足的增值服务。对于高价律师费的采购，砍价也是法务部门的工作职责，是公司某些岗位的价值所在。如果太强硬，往往很难成交。对于这个点，我自己就失败了一次。某国企在外省有一单国有土地出让合同纠纷，客户需要先与政府谈判，同时取证，然后再考虑是否诉讼，并且要求我们 72 小时内就要出发。我当时觉得自己是土地诉讼最专业的团队，因此报了个高价。客户一再提醒，并进行 3 轮比价后，我们进入最终谈判。当时，法务部门 3 位经办人轮番让我们降降价，我坚决不松口。最后，经过 3 个小时的谈判，没有成交。投标结束后，我也进行了复盘。当时自己太骄傲，没有把法务部门的人放在眼里，认为自己就是稀缺的、独一无二的，可能给对方目中无人的感觉。这就是没有很好尊重法务岗位的职责，没有充分理解他们的价值所在。

六、说明报价的理由

我们报价之前，一定要先说出 3—5 个报价的理由，让客户觉得你确实考虑了各个方面的因素，最终给出这个价格，是非常良心之举。例如，司法局对此类案件的指导价格是多少，我们团队的优势是什么，我们接受本案代理的原因是什么，案件代理流程的与众不同之处有哪些，我们的成本与别人不同在哪里，等等。如果这些信息都能够用可视化图表的形式展现，客户会认同你的报价是有理有据的。

七、不要做过多解释

报价完毕后，不要多解释，默默观察对方的表情，等待他的还价。如果你自己报完后，还说一堆原因（非报价的理由），可见你有多心虚，一直在欲盖弥彰。

还价要怎么还呢？很简单，你必须要拿出依据。你准备要给出的价格，依据是什么？理由是什么？对方如果杀价，你也要问清楚，对方的低价是怎么来的？这就需要你提前做好准备，对市场、行业、专业、客户心理学等都有全面的把握。因为杀价会持续多个来回，双方才能从确定一个基准价格开始，慢慢靠近双方都能接受的折中方案。

这里有一个小技巧。如果客户在砍价的时候，说出的理由是具体的场景中的细枝末节，这就说明客户已经有成交意愿。例如，“如果你们出庭时，法官问到这个问题，你们的回答基本没问题，最好再增加一些案例检索”，“你们的开庭提纲，怎么采用 XMind 图，而不是 Excel 表格形式，这样更方便财务部门开会使用”，如果客户在与你砍价时，用的是这种挑刺的理由，那就说明成交有望。最怕的是客户一言不发，转身就借口离开，说明不想成交，因为他都懒得和你说话了。

八、让步的小技巧

当价格已经谈到接近你的目标值时，如果你想要更快成交，就要作出适当的让步。这个让步很有技巧，不能一步到位直接腰斩或者迅速达到对方的需求。你可以稍微调整一下幅度，例如，第一次你让步 1 万元，第 2 次不能让步 2 万元，而是要让步 5000 元或者 3000 元。这样循序渐进，客户才不会得寸进尺。

九、不要一味地让步

完美的成交是双方的共赢。我们要学会在价格不作太大让步的基础上，让客户有超值的感觉，让客户觉得你是做足了功课而来的。例如，客户提出自己的痛点时，你还会帮他发掘其他的风险点，并且提出其他解决方案，让客户充分体验你的专业和用心程度。根据不同的谈判结果，我们要对客户的服务方案做不同的反馈策略，以此来提高客户的满意度。例如，谈判结束后，如果价格比较高，我就会送客户几门课程或者几本书，让客户有超值的感觉。如果成交的价格比较低，就要称赞客户砍价功力一流，让客户获得心理满足。

平时赚 1 元钱有多难，从报价中挤出来的都是净利润。报价成功的关键在于你对客户目标、客户需求的认知程度。报价之前，调查研究工作越充分、越细致，你心里就越有谱，离成交才会越近。

第十四章　如何收到高额咨询费

律师服务就是法律知识的变现。为什么有的客户不愿意付费，而有的客户愿意支付高额咨询费呢？道理很简单，只有那些能够很好地帮助客户做决策的律师，对客户才有价值，客户才愿意付费。律师的角色，首先是战略谋士，为客户做顶层诉讼或非诉策略设计；其次才是为客户把整个案件处理完。咨询费就是出谋划策的费用，客户真正想要的，不仅仅是一个结论，更看重你与他交流、推演、沟通过程中碰撞出来的解决思路。

一、深耕细分专业领域

找律师之前，客户已经通过互联网、亲戚朋友问了一大圈，获取了很多解决问题的信息。但是这些信息本身，是支离破碎甚至是无用的，无法形成整体方案，难以解决客户的问题。因此，客户虽然看完了一系列的法律规定，还是搞不定自己的案件。我们接待的一位客户就是这种情况。

一位公司老板，他在20世纪90年代以拍卖方式购买了一家集体企业所拥有的动产、不动产，取得了土地的使用权，还签订了购买合同。现在，一方认为土地使用权是指集体土地使用权，另一方认为土地使用权是指租赁土地，从而可以取得使用土地的权利。一个是可以颁证的集体土地使用权，另一个是租赁合同的使用权，大家有了不同的理解。更麻烦的是，大家各执己见之时，政府开始征收并强制拆除了地上几万平方米厂房。为此，客户开启了长达13年的诉讼“马拉松”，先后聘请8家律师事务所的律师代理46个回合的民事诉讼、行政诉讼。材料送到我们手上的时候，差不多有一麻袋。客户说，我请了这么多律师，感觉他们好像都没有找到解决问题的关键所在。听说您是中国最专业的土地诉讼律师，您要多少钱我都愿意支付，只要您能帮我讨回公道。根据我们的工作流程，看案卷材料给出方向，属于咨询范畴，按照工作小时收费，先付费后服务。客户爽快支付，我也爽快干活。经过研究，我发现这个案件多年来的诉讼路径是错误的，应该先走土地权属纠纷的行政裁决程序，搞清楚这块地客户拥有的是使用权还是租赁权？使用权到底归谁？然后再打拍卖协议无效、强制拆除违法、国家赔偿等诉讼。在案件的基础事实争议没有解决的情形下直接去解决后面的问题，当然频频败诉。我与客户沟通1小时的时候，客户非常惊讶，他说，从来没有想过土地权属争议是基础争议事实，难怪这么多场诉讼都败诉，都解决不了问题，他对司法公正已经很怀疑了。我说，不是司法不公正，是您运用法律这个武器还不够专业。不要迁怒于法律，好好复盘，我们重启程序，您的人生也许还能重写。

这个案例告诉我们，即使是律师，他们的法律知识也分专业领域。不同的领域，深耕的范围不同、年限不同，最终的成果一定不同。

二、拥有有价值的法律知识

要让客户为你的法律咨询买单，就必须拥有能够改变客户认知，甚至改变客户命运的法律知识，这样的法律知识才有价值，才值得客户付费。

如何获得这样的法律知识呢？定位 + 坚持，能帮助你迅速达到目标。

第一，时间是最大的成本。把时间投入到高价值的领域学习，你的收获就会大很多。如果你把时间投入到价值很低甚至为零的领域，可能颗粒无收。要能在尽可能短的时间内获得高价值的学习成果，就与定位有关了。

互联网发展迅猛，我们一旦确定在某个细分领域深耕，就很容易伴随互联网传播特性将学习成果迅速传遍全社会，收获名声。我们对于接待的客户都会第一时间问他们，寻找到我们的渠道是什么？很多人通过百度、抖音、微信公众号、视频号的宣传接触我们，再找上门来。你看，老百姓只需要坐在家里，动动手指头、刷一下手机、敲打一下键盘，就能迅速找到你。知识传播的速度超出你的想象。

根据自己的爱好、过往经历、身边的资源条件，你就可以开始定位自己的专业领域了。例如，很多女律师会偏向于婚姻类案件，因为是女性，更容易上手。辞职的检察官，更倾向于刑事诉讼案件，与自己之前的工作经历挂钩，更容易突出重围。行政机关辞职的公务员，更倾向于行政诉讼案件，因为自己曾经的背景，能更快取得客户的信任。

你自己只需要坐在家里，把专业知识进行原创输出，把能改变客户认知的法律知识、如何接地气的法律技能、分析研究行业趋势的专业文章、代理案件或咨询客户的感想感悟，都通过文笔、视频、语音的形式，分享出来，甚至在一些大平台开设自己的“专栏”，只要你的定位是与其他人有差异性的，客户能找到你，是水到渠成的事情。

第二，持之以恒，久久为功。很多人坚持一天、一周、一年，那是远远不够的。曾国藩每天坚持记日记，反思自己的行为，总结得失。他从29岁至61岁最后一篇日记，一生持之以恒，从未间断。商业顾问华杉，每天坚持早上5点起床写文章，写了30年，积累了1000多万字的输出，出版了10多本书。他们都会韬光养晦，苦练基本功，积聚势能，坚持日日之功，水滴石穿。

回想自己的过去，刚确定做土地诉讼专业时，每天都想着写一篇文章，最好当天就能变现。如果变现不了，就会埋怨读者都是喜欢白嫖。后来，带了团队，每天开始“折磨”团队，今天搞土地诉讼，明天看到别人的股权很赚钱就要去学股权；发现行政执法培训也似乎是一个蓝海，又投入很多时间去做课件；发现企业合规是当时的风口，生怕被其他律师赶超，自己又开始做合规项目的研发。经常被各种诱惑、攀比、焦虑冲昏头脑，越来越急功近利。意识到自己的问题之后，我开始学习四书五经，逐渐意识到真正战胜自己的是自己，真正打败自己的也是自己。看见他人比自己好，就开始“作死”，到处折腾。

菜鸟和精英的区别就是，菜鸟关注的是不断变化的东西，而精英关注的是一直不变的东西，那就是事物的本质。虽然自己也定了10年计划，要在10年之内成为全国第一的土地诉讼律师，但是，在这个过程中将自己的初心忘记了，有所懈怠。

于是，我迅速调整自己，埋头做自己的事情，把磨炼日日之功当作首要任务。每天坚持看1本书，写3000字感悟。哪怕今天可以写1万字，也绝不超越，不能让自己产生畏难情绪，或者第2天产生放松懈怠的情绪。经过3年的坚持，我输出文字的速度，都超过了出版社立项、审批、出书、印刷的速度。

三、提供差异化的法律服务

很多青年律师觉得找客户很难，让客户付费更难。其实，客户要找一个好律师，比律师去找一个好客户更难！所以，我们只要扎实地做好本职工作，其实什么都不用发愁。找不到客户，或者客户不愿意支付高额咨询费，是因为自己还不如客户的水平高，或者超过其他律师的程度还不够，客户当然不会选择你。

我们律师事务所有一位年轻律师，原来跟随的师父专做医疗纠纷案件，后来师父转所，致使该所没有做医疗纠纷案件的专业律师。她看到了商机，没有跟随师父去新所，而是留在老所耕耘自己的医疗纠纷业务。从写短小的专业文章、分享自己的办案感受，到拍摄短视频，争取医疗行业协会的专家头衔，一步一步走来，短短3年时间，就在行业内小有口碑。慢慢开始请助理，买房、买车、结婚生子。看着她一步一步走来，稳扎稳打，没有乱过方寸，也干得非常带劲。这就充分说明定位加坚持的功力，最终也能获得足够的案源，过上自己想要的生活。

通过准确定位，找到差异化的法律知识服务，用性价比最低的写作、出书、讲课方式来运营自己的专业知识，坚持5—10年时间，自然就会形成自己的知识壁垒。最后用查理·芒格（Charlie Munger）的一句话，“想要得到一件东西，最好的方式是让自己配得上它”。成功的捷径，就是没有捷径。集中精力，设定目标，全力以赴把自己的专业做好。

第十五章　如何处理与客户的关系

法律服务属于服务业的一种，律师需要遵循服务业的底层逻辑，才能生存。例如，客户就是上帝、客户利益至上等。但是律师是知识分子，骨子里文人的清高观念与商人的逻辑思维总是有所不同的。客户是我们的衣食父母，委托我们代理案件、支付律师服务费，我们当然要关注客户的利益，想办法达成客户的目标，但是我们提供的法律服务是受到法律法规监管的知识型服务，禁止为“上帝”谋求超越红线的利益，因此，客户至上和严守法律底线存在一些冲突。年轻律师如何不被客户牵着鼻子走，而是引领客户，合法高效地完成委托目标呢？今天我们分享一些方法。

理想的客我关系是基于信任、认可建立的知识型服务关系。如何处理好与客户的关系，我总结为：用心＋专业＋注意细节。

一、用心

用心是把客户委托的事情当成自己的事情，用最大的责任感做好客户交付的每一项任务，无论遇到什么困难会想尽一切办法、用尽一切努力去争取最好的结果。作为一名律师，我们的工作职责是经过综合研究客户的问题，测试不同解决路径，找到最优方案。给出法律服务方案之前，务必要经过深入的研究，如做好案件信息的背景调查、裁判文书案例检索、法律论证分析。我们的诉讼策略与客户的诉讼目标，能否联系上？如何联系上？把我们的论证过程全面向客户展示，让客户充分了解我们在这个案件上所花费的时间和精力，感受到我们的用心。

例如，我们代理的一宗山林权属纠纷，甲乙两村对后山归属争吵不休，经过 10 多年的诉讼，各有胜负，案件打到某省高级人民法院后甲村败诉。7 年后，甲村村委会换届选举，新任村长决定寻找更专业的律师团队，向最高人民法院申诉。村委班子来到广州，分成 3 路人马，到处寻找律师帮忙看材料，收集各种法律服务方案，让律师们互相 PK。当甲村村委通过朋友的介绍找到我们的时候，客户已经收到了 3 个律师团队的报价。我们拿到材料后，进行了初步分析，发现能够证明关键事实的证据是缺失的。我们提出需要重新梳理所有的证据材料，寻找关键证据，才能一举胜诉。但是客户说，那份证据材料肯定遗失了，因为这么多年来，大家都已经把政府的档案馆、村委的保险柜、村民各家的箱子全部翻遍了，所有的证据材料都在这里了，找也找不到了。另外，他们问了很多律师团队，其他律师说这份证据用处不大，即使找到了也不会有太大的作用。甲村村委要我们直接报价。此时我心里很清楚，如果没有新证据，无法叩开最高人民法院的大门。但是客户又不相信我们的证据策略，这时该怎么办？如果由于没有新证据，最后一条维权路径也被最高人民法院驳回的话，那么整场“战争”就彻底结束了。于是，我让客户明天再来一趟律所。当晚我连夜让团队助理们绘制了整片山区的地形图，对应每次诉讼法官确认的不同面积图。第二天，当客户再次来到律所，我把绘制的图形放在 PPT 上，然后将每个坐标、地名、土名与客户一一核对。如果几十份裁判文书描述的内容，与客户当面指认的事实，能够一一对应上，那么我们就可以不再调取证据。如果对应不上，无法达到我的内心确认，那就必须重新调取证据。经过 3 个小时的沟通，我虽然已经对整个地形的数据了然于胸，但还是坚持认为，争议双方的证据半斤八两。如果我们无法找到多一份证据，那么最高人民法院法官心中的那杆公平正义之秤，也绝对不会向我们倾斜。第二次说服客户寻找更为关键的证据之后，就面临着报价问题。客户要求全案打包报价，我们建议单独报价，先走取证程序，如果取不到证据，我们也不代理后面的程序了。当时甲村来了 8 位村干部和村民代表，有的人听到后就开始说风凉话，“你们就是想赚前期取证的钱吧？如果没取到证据，那你们退不退钱呢”？有的说，“广州的律师赚钱更厉害，还要分段收费，太黑心了”！我顶着巨大的压力，说，“没关系，如果这个山头确实是你们的，你们心里有数，能否取到证据，你们比我们更有信心！案件是否需要前期取证，是我们的工作流程之一，是为了确保后面进入诉讼程序，能够胜诉的基础。如果前期取不到证，我们就没有把握能胜诉，贸然推进诉讼程序只会增加损失。如果大家更在乎这个取证的费用，那我也只能尊重各位的选择”。村民们当天都回了老家。过了一个礼拜，甲村村主任打来电话说：“宋律师，经过比较，我们认为你们比其他律师更用心为案件着想，对于如何胜诉更有章法，我们愿意委托你们先取证!”签订委托合同后，案件的压力全部转移至律师。我组织团队6位律师，2人一组，奔赴不同的行政机关、村委、村民家中，重新翻箱倒柜，找出所有当年的材料。第一次无果、第二次无果……第五次无果，连镇政府档案室的保管员都认识我们了，他说，“你们别来了，柜子都已经翻烂了”。其实，整个团队也很绝望，主办律师劝我说，“宋律，去村里这么多次，路费都不止1万元了，可能真的找不到更多的证据，我们放弃吧”！村民们也说，“放弃吧，没证据的啦”！我说：“不行！哪怕最后去一次，你们耐住性子，这最后一次，把所有的资料都一页一页认真仔细看，千万不要放过任何一张纸片!”最后，皇天不负有心人，在团队律师不懈努力之下，终于翻到了一张薄如蝉翼，粘在一张农业水渠费票据背后的发黄的纸张，上面赫然写着“某某山头归甲村所有”的字样。凭着这份证据，我们向最高人民法院提起再审，经过不懈努力，该院以出现新证据为由，重新受理了案件，并发回省高级人民法院重审。后来，甲村委班子成员来到律所，握住我的手，非常感激地说，“上任村委诉讼失利，后山差点归了乙村。村民们认为我们村委没有守住老祖宗的家业，准备把我们‘浸猪笼’了。感谢你们的坚持，我们总算有希望了”！这个案件，从与客户见面到取证再到写材料向最高人民法院申诉，整个过程，客户看到了我们的用心良苦，最后决定选择我们。判断律师是否足够用心，标准很简单：当客户将案件交付给你的时候，你是否感受到压力？如果有，说明你把客户的事，当成了自己的事；如果没有，说明你根本不在乎客户，当然客户也会离你远去。

二、专业

专业是指拥有对服务质量勤于“精耕细作”的“工匠”精神，在某个法律领域深耕细挖，不断地提升自己的执业技能，最终获得客户的信赖。

例如，某宗租赁村集体土地涉嫌违法用地案件，国土局已经作出行政处罚，要求收回违法建设用地并罚款。客户浑然不知这个程序也未予理会，直到国土局申请法院强制执行，客户才明白，自己的房子保不住了。客户找到我们的时候，离提起行政诉讼非诉执行异议程序只剩下最后一天了。我们看完材料后，发现了很多疑点，立马赶往现场。由于涉案面积较大，时间紧迫，我们每 2 人一组，分成 4 个小组，立马进入工作状态。第一组绘制分布图。律师带上了无人机，通过空中拍摄，迅速绘制地块分布图，标记十几个违法用地点和建筑物。第二组提取证言。律师找到该村村干部和知情村民，固定有关该宗土地和建筑物的证人证言。第三组比对证据。律师对行政处罚认定的面积、用途、建筑年代与村民的证人证言进行比对，梳理出行政处罚中事实认定的多处错误。第四组起草法律文书。律师负责起草执行异议书，并以最快的速度当天提交给了执行法院。客户看到我们这么高效、专业的工作流程，当时就竖起来大拇指！执行法院针对我们绘制的地形图、对比表上的内容和数据，多次与我们沟通并最终认可了我们的观点，裁定不予执行国土局的行政处罚决定书。在整个案件中，我们把思考和评估的过程向客户娓娓道来，客户会感觉到你的专业力量，也感觉到律师一直站在他的角度，替他考虑问题。因此，我们最后提出任何的解决方案，客户都会百分百同意并心存感激。

用心 + 专业，使得我们可以自信地为客户提供切实有效的解决方案，帮助客户将久悬于心的大石头落地，让客户感受到我们专业的力量，客户自然也不会亏待你。

三、注意细节

第一，态度和善。中国有句古话叫“和气生财”，是指待人和善就能招财进宝。从心理学的角度，客户更喜欢与那些脾气好、与人为善的人打交道。年轻律师遇到客户不懂的问题时，要不厌其烦地为其解答，充分沟通，态度语气不能太强硬。听到客户咨询一些简单的问题或者对自己提出质疑就拉高嗓门辩驳，是不可取的；有些客户缺乏安全感，反复向律师提问或者要求重复介绍诉讼流程、胜诉的概率等，我们应当积极地给出符合法律规定或基本法理常识的意见；有的客户见多识广，喜欢发言，这个时候，年轻律师就可以恭维一句“您的法律功底很强呀，我们很多客户都要讲几次才能听懂呢”。看上去，好像你是在陈述一个客观事实，但是实际上，你侧面恭维了客户，客户心里就会非常高兴，瞬间就有了优越感和愉悦感。因此，适度适时地恭维客户，就像融化剂，是迅速化解尴尬或冲突的不二法宝。

第二，慎重承诺。如果客户有要求，我们要郑重考虑后再给出承诺，而且要一言九鼎、言出必行。特别是一些数据必须经得起推敲，要有严谨的分析过程才能拿出来。客户的信任比黄金还宝贵。你一旦食言或说错，客户的失落感会很强，并且对你失去信心和信任。年轻律师很容易被客户看低，认为太年轻没经验，此时，你除了要有礼有节地善待客户之外，也要在一些关键时刻向客户展示自己有能力的一面，让客户从心里认为“你说了就算”，从而减少不必要的误会，增进客户的信任度、提高工作效率。

第三，全面学习。律师工作是一个综合素质要求很高的职业，要求深度思考并且能进行跨学科的学习，法学、经济学、哲学、心理学、营销学、数学，甚至地理学等学科相结合，你会发现自己的优秀总是与勤奋相关。面对客户，要多问问题，有些信息客户可能认为不重要，但是对于我们改变诉讼状态却很重要，所以一定要与客户多沟通，不要害羞、不要认为会被别人看不起，尽量获取更多的信息。其实，能否被别人看得起，很大程度上取决于自己的决心。

第四，勤于请教。案件无关大小，都要“精耕细作”。不要吝啬向客户请教，客户才是最好的老师。律师不应是两耳不闻窗外事的“法匠”，应当通过向客户请教，熟悉客户所处领域、行业的专业知识并加以整合，提升专业度；永远不要骄傲自满，向身边任何一位优秀的人、行业内的专家虚心学习，广泛涉猎与汲取，日复一日地刻意练习，精进自己的能力，你就一定能赢得客户的好感。

第五，日常问候。工作之余，可以与客户多一些嘘寒问暖。例如，交流完案件后，询问一下客户近期的工作和生活情况，“你阳康了吗？身体状况如何？恢复得好吗？公司已经复工了吗？”这些日常的问候，不会显得突兀，却能很好地表现出关怀，何乐而不为呢？对于我们来说，也许只是简简单单的一句话，但是对于客户来讲，这不仅仅是一句简单的问候，更体现出你对他的关心。

如何处理好与客户的关系？在态度上，用心对待案件和客户决定了客户对待你的态度。在专业上，要追求极致、不断精进，在自己的专业领域成为专家，自然能够赢得客户的尊重和信任。同样是做律师，用心和不用心的结果肯定不同，其差异就在于，你想要拥有什么样的未来，你想过什么样的人生。客户都是精明的，你的每一个动作、每一句话、每一个细节，都能反映出是否用心对待自己的工作，这也是客户认可你唯一有效的途径。

第十六章 降低交易成本，获得强悍竞争力

诺贝尔经济学奖获得者科斯（Coase）定义交易成本，是指为了达成一笔交易所需要花费的全部时间和货币成本。一般包含三大类：购前成本、购中成本、购后成本。法律服务行业作为咨询行业，如果将上述三大类成本降低30%，就可以获得颠覆式的竞争力。

这三大类成本，具体构成为：

第一类“购前”，包括“搜寻成本、比较成本、测试成本”三种交易成本。

第二类“购中”，包括“协商成本、付款成本”两种交易成本。

第三类“购后”，包括“运输成本、售后成本”两种交易成本。

在任何一笔交易中，都至少会出现上述一种交易成本，大多数情形会是多种交易成本同时出现。

一、“购前”交易成本

律师的时间，就是交易成本中最重要的一项。时间具有两面性，如果你能把自己的时间价值充分放大，你就能拥有竞争力；如果你能把客户与你成交的时间缩短，让他可以迅速签合同，这也是你拥有的核心竞争力。[①]

以律师每小时的咨询费为例。如果你是一位广州客户，想要找一位擅长行政诉讼的律师，你先在朋友圈里问一圈，谁认识做行政诉讼的律师。得到的答案是，绝大多数律师都是做民商事诉讼或者刑事诉讼的，朋友圈里没有认识的，为此，你花费了 1 小时。后来，公司的法务推荐了一位专注行政诉讼的律师，你还是不放心，继续上百度搜索，找到北京有 2 位、广州有 2 位、深圳有 1 位行政诉讼律师。这样，你就开车去了法务推荐的律师事务所，沟通了 2 小时。之后，又电话与北京的 2 位律师分别沟通了 2 小时。第二天，你又开车去了百度推荐的 2 家律师事务所，加上路途时间，分别花掉 3 小时。最后，你又去了深圳，花费了 4 小时。为了找律师，你一共花掉了 17 个小时。最后决定委托的律师收取了律师费 1 万元。

至此，你实际付出的成本远远不止 1 万元。在“货币成本”——1 万元律师费之外，你多花了 17 个小时的“时间成本”

---

① 如何放大自己的时间价值，在本书“做好时间管理”一章中，我们已经详细描述。本章重点阐述如何缩短成交时间。

用于“搜寻”。假设 1 小时的时间成本价值是 1000 元，那么这 17 个小时的“搜寻成本”就是 1.7 万元。

案例中的第二个成本叫“比较成本”。毕竟自己是第一次打官司，你到处找朋友推荐律师，也不知道应该找什么样的律师？律师能否保证案件胜诉？律师要收多少费用？律师会不会尽心尽力帮我解决问题呢？你又不可能像去美食街一样，先尝尝这个档口的烧烤，再尝尝隔壁档口的小龙虾，然后再换一个，再试吃一下？这显然是不可能的，因此，你的“比较成本”很高。假设此时，你看到了一家律师事务所挂着司法部认证的大匾牌，旁边还放着一个全国律师协会刻印的连续 30 年“信得过律师”招牌，估计客户就像吃了定心丸一样，会迅速签约。因为司法部认证就等于安心放心，全国律协的招牌意味着律师的服务质量是流程化、标准化的。虽然你还没有走进这家律师事务所，但是它透露出来的信息符合你的要求，这就降低了你的“比较成本”。就像你想去海南三亚度假，不知道住哪家酒店？打开大众点评，发现有 5 家店，其中一家是 5 颗星，下面有很多人给好评。以往客人的评价，给了你预定这家酒店的决心，克服了“信息不对称”，降低了客户的比较成本。

案例中的第三个成本叫“测试成本”。你前往不同律所，与不同律师交谈、讨论案情，就是想设身处地地感受律师的自我评价是否真实：说自己最专业，是不是真专业；说自己很有经验，是不是真有经验；说自己能说服法官，是不是真有“两把刷子”。通过测试多个律师，客户才能在心里确定与哪位律师签合同。

选择律师之前，客户对法律服务行业了解不多且存在信息不对称时，就会四处搜寻、多方比较并且反复测试。如果律师能减少客户的搜寻成本、比较成本、测试成本，就会在市场上具有核心竞争力。降低三类成本的关键就是解决信息对称、客户对律师有足够信任的问题。

我们要明白成功靠时间的道理。律师作为法律服务行业的专家，要做时间的朋友。先把自己的基本功练起来，在自己的岗位上日日不断、水滴穿石，埋头做好工作。10 年、20 年、30 年之后，当你在这个行业内积聚了足够深厚的专业能力、足够多的资源，你自然成为行业第一，客户也会闻声而来，爽快签约。德鲁克（drucker）说过一句话：人们总是低估了成就一件事业需要的时间。很多青年律师非常着急，恨不得大学毕业就马上日进斗金，成为百万富翁，这是不长久的。老老实实投入一件事情，在完成这件事情上形成压倒性投入，靠扎扎实实的积累形成行业壁垒，客户的购前成本就降下来了，你就可以胜出了。

二、“购中”交易成本

客户经过“搜寻、比价、测试”后，开始讨论签约细节。这时，买卖双方开始付出两项交易成本：协商成本、付款成本。

你是否记得，为了能成交一单律师费为 2 万元的委托合同，你与客户的老婆、儿子谈判了一次又一次，客户总是说，我再想想、再问问我老婆；或者客户公司的法务皱着眉头说，你们的价格太贵了，这样我们很难合作，或者说我再向老板汇报一下，你们先等着。为什么客户会有那么多的理由呢？为了搞定一份 2 万元律师费的委托合同，那么多人来回折腾，讲价还价，大家投入大量的时间和精力，你都快崩溃了。但是为了成交，你还是忍了。这些就是“协商成本”。如何降低“协商成本”呢？最好的办法就是“做品牌”。品牌能让你在客户那里有“信用”，让他相信你的能力，因为不相信，大家的“协商成本”才很高。

你为什么比别人贵，你还能便宜一点吗？律师费可以包括一审、二审、执行、再审、抗诉吗？能不付律师费，等官司打完胜诉了才付款吗？这就是“付款成本”。

降低“协商成本”和“付款成本”会让我们成交的速度非常快。由于不信任，客户聘请你的决心总是在摇摆。就算最后支付了律师费，一旦你的服务有瑕疵或者非律师原因导致败诉，客户就会拖欠律师费，甚至投诉。交易成本最后越来越高，直到我们收不到律师费。

如果你是一位知名大律师，结果就可能完全翻转了，知名就是声誉，大家都绝对信任。即使大咖律师出现失误，客户也不一定认为那是失误。青年律师如何能成为大咖呢？这就是定位问题。关于定位，就像企业的单品爆发，一个企业只要有一个品牌“火”了就可以在市场上突围，一个品牌只要有一个显著特点就可以火爆。我们年轻律师可以尝试从自己感兴趣、喜欢或者擅长的垂直细分领域入手，坚持打磨，开设微信公众号、知乎、微博、头条、喜马拉雅、B 站、小红书、简书等平台账号，用 3—5 年时间，持续写作输出高质量的内容，定能练就“一根针捅破天”的功夫，成为某个专业领域的专家，享誉全国。

只要你能写作、能演讲，就能在各大平台上持续曝光，让客户轻而易举地找到你。再加上知名平台的加持，你能更快地占领客户心智，成为他心目中这个领域的专家。

有些律师把自己擅长的领域、胜诉案例、客户好评都放在美团、大众点评上，这让客户通过观看别人购买律师服务后的好评，吃颗定心丸。这些好评都是真实的、可视化的，更容易树立自己的品牌和声誉。

三、“购后”交易成本

购后的交易成本有运输成本、售后成本。法律服务行业基本上没有运输成本，只有售后成本。

律师的售后成本，就是案件成交后，沟通过程出现问题或者服务出现瑕疵，要向客户道歉、弥补损失、额外增加服务。例如，由于律师的疏忽大意，导致已经查封的对方财产到期自动解封，而我们没有及时续封，这当然是一个重大责任事故。如果这样的情况发生，毫无疑问，我们必须要立刻采取补救措施，赶快申请法院继续查封。如果对方的财产已经转移，需要赶快查询其他线索提供给法院，争取早日查封。如果最终没有查封到等额财产，我们可能会被客户索赔。除了赔偿款，还有与客户沟通和道歉的时间，这些都是潜在的售后成本。

如何降低“售后成本”呢？当然就是流程化的工作。把自己工作的所有内容做成流程，每一个阶段的工作清单、内容清单、时间节点都要全面、清晰地罗列出来。最好能做成知识管理，某些律所还开发了内部平台系统提醒律师们注意时间截止期。这样的出错率是最低的，“售后成本”也是最低的。例如，我们团队的咨询产品，客户支付咨询费后，就会有客服（小助理）将案件材料转交给律师，并且告知客户 72 小时内回复咨询。经过 48 小时，客服会提醒律师注意到期时间，律师们如约回复咨询后，会通知客服，客服会在 1 小时内发出客户满意度调查表，让客户填写。一旦客户填写“不满意”，客服马上跟进客户，问清楚原因，同时反馈给律师。如果是律师的问题，我们会送给客户小礼物表示道歉，并承诺下一次咨询服务免费。如果是客户的问题，我们也会送出小礼物，表示感谢对方的理解和继续信任。通过这样的方式，可以把可能扩大的投诉提早防范，降低“售后成本”。因为所有的“售后成本”都会算入律师费，成本过高、客户投诉、退费就会导致亏损。因此，想尽办法降低“售后成本”才能提高工作效率，提高利润率。

青年律师还要知道，每天的工作也是在消耗自己的成本，如时间成本、精力成本、知识成本等。如何降低成本是一切发展最重要的问题。早做职业规划，定向持之以恒，就能达到成本最小化，利益最大化。

在团队内部还存在沟通成本。及时无障碍的沟通，清晰理解工作目标，团队成员拥有相同的价值观、相互信任，有明确的工作规则，这些都是成本。有时候没做好这些细节，沟通和信任的成本也是高得惊人的。

一个青年律师，时间应该是最耗不起的成本，你的时间和注意力用在哪里，你的成效就会出现在哪里。在团队积累经验、胜诉案例，就是积累品牌和声誉的过程。你知道自己要做什么，不做偏离目标的事，才能安下心来专心做自己的事，最终就能积累出核心竞争力。

第十七章　用好诉讼可视化

如果一个案件，有十几方当事人，涉及多种法律关系，你打印了一大堆的卷宗材料，对于法官来说是不是很头大？如果这个时候，你用一张 A4 纸，将所有的当事人和彼此之间的法律关系画出一张关系图提交法庭，法官会不会很开心？时间轴、大事记、思维导图、甘特图、流程图、法律关系图、判决拆解图、股东结构图等，一目了然，直击案件事实，这就是可视化的展示方式。

一、可视化诉讼的优势

律师的受众主要是法官和客户，法官审理的案件量每年几百件，律师提交的大量法律观点法官也只是翻一翻，如何才能被法官接受或者被客户看到？从法官的角度出发，他会非常乐意看到一张简明扼要说明事情脉络的图表，帮助他在最短的时间内了解案情，厘清法律关系和争议焦点。这不仅在提高沟通效率、节约时间精力方面具有重要意义，对于法官的正确裁判也有其发挥作用的空间。我也经常向外省的法官同学请教一些他们的出庭技巧。[1] 当我问道，法官是否喜欢律师提交可视化图表时？他们都说喜欢。律师们总是在考虑案件事实、法律、争议、法理、证据、习惯、论证、案例、检索、法规、司法解释，但是法官审理案件的时候，会直接看什么？法官最想了解的就是事实，如果你能用讲故事的方式，把案件所有的信息——人物、关系、时间、行为、背景、目的、发展、结果用一页纸呈现，就能让你的观点跃然纸上，深入法官的内心。

另外，有了案件的可视化图表，法官再也不用担心自己如何去完成几十页的审理报告了。他（她）只需要拟一个简单的提纲，附上一张这样的图表就可以将事情说得非常清楚。把语言文字变成图表，达到一图胜千言的效果，这也会让合议庭讨论案件时变得更紧凑、有针对性、更高效。

二、可视化图表的优势

可视化等于信息的固定和传输。我们出庭时，把案件事实、己方观点都融入图表，还有相应的证据支撑，相当于帮助法官完成了案件事实梳理工作。合议庭意见不统一的重大案件，经办法官要向审判委员会汇报，有的法院内部规定汇报必须要演示，不能单纯以口头或书面形式汇报。因此，我们制作的可视化图表可以减少法官汇报的工作量，最重要的是可视化图表已经固定己方观点，逐级汇

---

① 各地的司法实践存在一些差异，请教外地法官可以更全面地了解我们的判断是否正确。

报时不会出现信息损耗。

可视化等于将无形服务有形化。律师业务都是无形服务，我们绞尽脑汁将客户提供的材料输出为一份全新材料，客户看不见也无法感知这个过程产生了多少工作量？难度大还是小？所有的律师都很头疼，怎样才能将无形服务有形化，让客户觉得支付的律师费物超所值？

以前我们处理非诉类项目，市场规矩都是按照工作小时结算。年底，我们汇总全年的小时数和对应的金额，作出账单提交客户审核并付款。不少客户看到高额律师费时，第一反应是砍掉一些工作小时数。客户认为，年初我还记得住你的工作内容，现在年尾了，谁还记得你做了多少。因此，我一般会把一年来所有的工作材料，双方直接往来的邮件、审核过的合同、你改完我又改的文书，初稿（修改稿、批注稿）和定稿等几百个小时的工作内容，全部打印出来并精装好，封面上写着“某某律师事务所为某某集团公司 2022 年度法律顾问服务年鉴”，送到客户办公室。客户打开后第一页就是小时计费单，并写有这样的一句话：“这是我们 2022 年度共同努力的结果。”这意味着，如果你不认可这些小时数，说明你也没干活。同样的道理，诉讼案件中也会把代理过程中形成的所有文件、工作流程做成图，结案时做成报告展现我们的专业和规范。通过这样的可视化展现，客户才能感知物有所值、物超所值。

可视化还是诉讼的催化剂。基层法院法官的年结案量多达几百件，有些地区的法官半天时间要开几个庭，我们与法官沟通的时间，估计也就是10多分钟。如果你把自己的观点，在开庭前已经画成图表并呈现给法官，用几分钟时间就说清楚了你的观点。写判决书时，法官脑海中不断地出现我们图表上的内容，化繁为简，让法官、庭审、当事人和自己都轻松，这就是诉讼可视化的妙处所在。

三、可视化图表制作方法

我刚刚开始独立执业时，案件少、时间多，每个案件我都画各种图表，梳理自己的逻辑、法官的逻辑、对手的逻辑。这个习惯一直保留至今。记得有一次，一家公司要找律师，法务部在市场上比较了差不多10家律师事务所。与我们沟通案件时，我们精心制作了PPT，向客户展示案情、诉讼策略，结束时还附送一叠装订精美的图表、法律意见书给法务工作人员。成交后，法务经理说，当时老板问看了这么多家律所哪家好？我们觉得每家都差不多。后来，老板看到你们的彩色图片材料，就问，这是谁做的？我们说是某某律师事务所做的。老板说，就选这家吧，这个图表传递出他们的认真和用心。

可以时间、人物主体为中心，制作可视化图表。具体步骤如下：

1. **整理事实**。例如，做大事记、时间轴，按照事情发生的顺序，把所有的时间点和对应的事件都写上。

2. **分离核心事实**。如果一个案件的事实乱七八糟，是因为所有的事实都挤在一堆了。如果能画成不同的时间线，会让我们的思路更清晰。例如，建设工程合同纠纷案件，我们可以在整个白纸的中间画一条线，线条的上半部分放合同约定履行的事实，线条下半部分放合同实际履行的事实，然后上下对比，就能很快发现案件为何违约。从哪个时间节点开始双方有了变化？之后每一步像“多米诺骨牌”一样，发生了连续倒塌的效应，导致了最后的违约赔偿。当然，我们也可以把原告的故事放在上面、被告的故事放在下面，所有重合的点就是本案无争议的事实，不重合的点就是本案事实有争议的地方。利用这种对比关系找到案件事实中发生化学反应的点，这就是本案的争议焦点。

3. **强调核心事实**。我们可以给图表配色，调整虚线、实线、框线等动作，让关键事实、有利点能一眼看出，让法官更愿意接受你的观点。

事实整理、分离、强调这三个步骤，其实就是法官需要的“固定案件事实”。一名好律师，会在开庭时用可视化图表告诉法官，我们这是一条通往目的地的高速公路，平坦而笔直。而做得不好的律师会让法官感觉，你指给我的那条路，泥泞坑洼。有时候开庭，还经常听到对方律师指示法官，由于案件事实缺失，法官应该主动去调取证据，法官对此非常反感，哪有那么多时间去调查。有些律师法庭上论证案件时都会出现逻辑混乱，还要法官帮他指出问题。可视化可以助力我们在庭审中有良好表现，因为它符合法官中立的思维方式。换位思考，如果你是法官，你会支持谁？

金融、借款、婚姻、建设工程、证券等诸多领域的案件，都适合做可视化图表。工期、质量、价款、事实行为发生时间和时间区间、法律法规的时间效力、诉讼时效、除斥期间、申请期限以及上述时间点、时间区间之间的相互关系，也都可以做成时间轴。

我们还可以做流程步骤图。有些案件最重要的不是时间节点，而是事件发生的先后顺序，把先后顺序画出来，这个案件就已经很清楚了。客户服务清单流程图、继承人层级图、诉讼流程步骤图、股权结构图、主体关系图，案件中任何有意义的细节都可以作图。时间的前后关系、主体之间的法律行为、不同法律概念或法律行为之间的对比、重要数据、背景情况等都做成可视化图表，可以帮助我们补充语言表达的不够精练之处。

第三篇　个人业务技能

第十八章　优秀律师应具备的好习惯

“好习惯成就好未来。”虽然是句广告语，但其中蕴含着深刻的道理。

英国著名哲学家培根（Bacon）是这样诠释习惯的：“习惯是一种顽强而巨大的力量，它可以主宰人生。”在我们的日常活动中，有 40%—85% 的行为都是习惯。如果父母教育得当，我们在小时候已经养成很多好习惯，对后天的发展大有裨益。当然，如果小时候没有养成，我们现在认识到这点也不晚。每一位律师都能够通过后天的磨炼，养成良好习惯，在“内卷”的行业内，拉开自己与其他人的差距，快速成长为一名专业且靠谱的优秀律师。

那么，哪些好习惯才能助力我们进步呢？“好态度、好目标、好执行、好复盘、好身体”，是我们应当养成的“五个好习惯”。

一、好态度

“好态度”，就是抓住一切机会学习的态度。

律师从事的是法律服务工作，工作特点就是经常与人打交道，例如与客户沟通、与合作伙伴沟通、与法官沟通、与对手沟通等，热情礼貌、耐心宽容、敬业专业是基本要求。

世界经济迅猛发展，但发展趋势总体是波浪式前进的。律师的部分服务对象，如企业家，为了应对千变万化的世界经济形势，每天都在孜孜不倦地学习。如果律师的学习速度匹配不上他们，当然无法解决他们的问题，客户肯定会流失。要抓住一切机会，充分利用身边一切资讯，积极学习、研究、思考。律师不仅要学习法律专业知识，还要跨界学习行业知识以及其他学科知识，不断夯实自己的硬实力和软实力，从容应对客户的疑难杂症，只有这样才不会被这个时代、被客户抛弃。

能够娴熟地利用专业知识解决服务对象的问题，正是律师安身立命之本。

专业如何才能娴熟到可以解决客户的疑难杂症？这需要大量学习，需要养成深度学习、长期学习的习惯。我们在学校里养成的学习习惯与工作中的学习习惯会稍微有些不同。学校的学习习惯是为了顺利通过考试而形成的，老师的指导加上查阅教材基本可以获得答案，所以达成学习目标是简单而顺利的。工作中的学习，是为了解决不同客户的各种问题，这些问题不一定都在律师的认知空间。

因此，律师不仅要勤于学习、乐于学习，养成爱好学习的好态度，而且要注重知识的广度和深度。

抓住机会学习的好习惯包括阅读、写作、演讲、跨界学习等。

“书中自有颜如玉，书中自有黄金屋。”在执业 10 年创收 7 位数以上的资深律师中，有 90% 的人每月至少阅读两本书、80% 的人每天至少阅读 30 分钟。可以说，我们遇到的绝大多数问题，都可以在书中找到答案。当然，前提是必须博览群书。

我是这样要求自己的，每周读两本书：一本专业书、一本跨界书。工作时，必须把自己在办案时涉及的知识点学会、吃透，不懂就请教别人，并做好笔记和知识管理，定期写复盘文章，形成持续的输出。工作之外，每天睡觉之前读跨界书，例如名人传记、历史、哲学、艺术等。长期学习并浸泡在跨界知识的逻辑体系中，能够学习更多的思维角度，帮助自己打开认知。

当我们的知识积累到一定程度，自然而然就有了输出的欲望。此时，建议你开始练习写作。从简单的开始，每天坚持写作。之后，可以申请个人微信公众号，争取每天推送自己的写作成果。虽然会有各种褒贬之声，但我们也不用太在意，按照自己输出的步伐继续前进就好。因为我们不是为了讨好别人而活，是为了成就更优秀的自己，只要我们自己进步了就够了。如果公众号太扎眼，你也可以尝试做知识星球，一个私密的小圈子，只有很少一部分人能看到。

当你坚持输出大约1年后，你可能就有了讲课的欲望。把你自己学到的内容，通过音频或者视频的方式发布，哔哩哔哩、荔枝微课、喜马拉雅，都是免费的发布平台。积累到第二年，就要尝试去律协或者客户行业协会的平台上讲课。通过这样的方式，让自己的知识体系更完备，同时打造个人影响力，以获取更多案源。坚持积累到第三年，大概率就可以出书立著，打造专家形象，拿到更优质的客户。

演讲是思想的传播，是输出的一种方式。如果你想把自己的法律知识分享出去，扩大自己的影响力，演讲是个不错的选择。你可以主动报名参加律所或律协的演讲俱乐部、参加各种比赛，抓住一切机会上台并当众演讲。不仅可以在准备演讲内容的过程中，梳理自己的知识体系，免费获得各路大神的点评，还可以在表现优秀时推广个人品牌，不失为一个性价比很高的成长路径。

随机聊天是一种小规模的演讲，是思想碰撞的有效方式。在执业初期，我每天至少找一位同事聊天大约半个小时，聊自己对某个知识点的看法。2年的时间，我充分利用律所200多位律师的吃饭、活动放松、下午茶时间主动聊天。另外，还主动参加律所的各种培训活动，在资深律师们研究的领域深入学习，积极与授课者互动。寻找机会和大家交流自己每天读书、工作学习到的知识点，既锻炼了自己的表达能力，同时也抛出了自己的观点，引发别人的经验分享，给自己的知识点纠偏。

有了上述阅读、写作、演讲的好习惯后，个人影响力会慢慢破圈，可能会有更多的客户找上门来，这时，你需要开始向客户学习。在和客户交流过程中，我一般建议客户把业务部门、技术部门、法务部门的经办人都拉入微信群，借机添加每个人的微信，浏览他们的朋友圈。从他们的朋友圈可以了解公司的业务、技术渠道、法务部门关注的文章，通过阅读这些信息，全方位了解客户公司以及相关行业。客户的朋友圈也会发布一些专业知识的文章，顺着这些文章的公号，我就能学习到法律之外更多的专业知识。找到跨界学习的方法，再持之以恒地实践，养成自己的思维定式，这就是习惯的力量。

始终坚持阅读、写作、演讲，坚持输出，通过向同行请教、向客户请教获得真知，我相信勤能补拙，努力学习比高智商更为重要。

二、好目标

“好目标”，就是养成树立目标的习惯。

要设定远大的目标，然后分拆为小目标，用清单的方式实现它。

早立志、立大志、立长志，是年轻律师实现人生意义，激发持续奋进的精神动力。执业的过程中，会遇到各种各样的困难，我们如何翻过这些沟沟坎坎，不至于在困难面前“躺平”，其实都要依赖于立大志。做律师的初心是什么？是为更多的人争取公平正义，让社会更和谐？是让老百姓更快乐？是为法治中国的梦想而奋斗？

还是赚到足够多的钱，周游世界，享受生活？

初心不同，决定了我们能走多远。初心越伟大，前进道路上遇到的障碍就变得越渺小。因为目标大，为了达到目标，这些障碍和困难在我们的眼中根本算不了什么，我们越容易克服困难。

例如，我们团队最初的目标是用10年时间成为全国最专业的土地诉讼律师团队。要做全国最优秀的土地诉讼律师，首先必须研究目前全国有多少个土地诉讼团队，他们的优点是什么？缺点是什么？学习优点、避开缺点，找到差异化竞争力，然后在行业内深耕。第一阶段：无论是交流、学习还是培训、写作、开课，主要在广州市范围内，如广州市律协、广州市各行业协会等。第二阶段：同样的推进模式，延伸到广东省其他城市。第三阶段：找到影响力辐射全国的圈子，继续推进。

向目标推进的过程中，遇到困难时好几次自己想放弃，转念一想，当年做市场调查时，行业内的专业团队屈指可数，自己已经做了几年，如果半途而废，前功尽弃，目标等于零。为了这个目标，我必须心无旁骛，把工作之外的事务统统抛开。

设定目标可以采取列清单的方式。年末时，看上一年哪些预定目标没有达到，再设立第二年的工作目标，同时分拆到每个月、每周确立小目标。例如，一年内要实现在广州市范围内有所建树，需要在充分了解其他专业团队的基础上，确定量化的指标。(1) 数量取胜。今年必须要完成至少比竞争对手多一篇文章、多一次课程、多一场活动的数量。(2) 深度取胜。每天关注竞争对手的资讯，收集他们的专题，争取在他们的论证的基础上，进一步研究更深入的点，并发表其他角度的专业文章。(3) 创新取胜。研究行业的创新点，争取比竞争对手先出文章、先做解读、先拍视频。同时，还要设定一年的营收目标，并分配到每个月须完成的收入指标。根据自己的不同收入渠道，寻找更多的创收可能性，优化商业模式，增加收入。

以此类推，年度目标再分拆为月目标，月目标再分拆为周目标，周目标分拆为日目标。思考问题时就会逐渐养成一个习惯，每次都从长期目标出发，放眼未来，以确定自己在完成目标这件事上走到了哪一步。不能总是纠缠过去的得失，只有不断前进并注意调整方向，才能保证自己的每一步都准确地踏在目标实现的路途上。通过 3 年多的努力，我们的专业水准已经在全国产生了一定的影响，实现全国第一并非不可能实现的目标。

没有设定目标的人，就像秋天的落叶，漫无目的，只会随风四处飘荡。任何成功都是由许多必须完成的任务组合而成的，没有目标的人，成功也会离你更远。

三、好执行

“好执行”，就是今日事、今日毕的好习惯。

武侠小说中的“天下武功，唯快不破”的意思是，当速度快到一定程度，可以弥补力量或技术上的不足，从而取得胜利。雷军的微博也这样写道：“互联网竞争的利器就是快。”

这里的“快”有三种理解：一是大家的马步都很扎实的时候，你快，你就取胜。二是应对变化的市场，要足够快才能生存，不被淘汰。三是做事不拖延，果断执行。

当天目标，当天完成。当天工作，绝不拖延。每天拟定的待办事项清单，都要尽可能完成。对于应该在指定日期完成的任务，不允许有任何往后推的想法。当脑海中产生这种想法的时候，马上对自己说“现在就做”。自己一旦有拖延的想法，马上自我提醒。

很多年轻律师在做助理的时候，就养成了凡事等待老板的交代，自己没计划没规划的习惯。可能会经常抱怨老板没有时间规划，总是突然分派工作，临近下班了还要交代工作任务，导致自己加班加点都未必能完成。其实这只是站位不同，认知不同。如果把老板的事当成自己的事来做，你的主动性和效率会提高许多，完成工作任务也许并不如想象得困难。

我也经历过两种完全不同的工作模式。

我跟随的第一位师傅，已经执业 20 年，教导我要“慢工出细活”，我一个文书写一周，细活不一定，慢工倒是真的。后来换了第二位师傅，团队正在创业期，每一项工作任务总是催着当天就必须拿出“1.0 版本”，不能隔夜交货。后来，等到独立执业才明白，两位师傅对时间颗粒度的管理是不同的。越是渴望成功的人，时间的颗粒度就会越细，对工作效率的要求就越高。

现代管理学之父德鲁克说：所有的“管理”，核心都是“自我管理”，而“自我管理”的核心是“时间管理”。

为了能让自己更突出，我们必须让自己时间颗粒度更丰满，当日能完成的工作量更多。在有限的时间内，如何确保休息、确保工作效率，我给自己确定了独特的作息时间，并坚持执行。例如，每天早上 5 点起床，专心写作 3 小时，就可能写成一篇长达几千字的专业文章，此时你会觉得人生完全在自己掌握之中，浑身充满活力。9 点开始锻炼身体 1 小时，10 点开始处理工作。即便在外出拜会客户的路上，也可以戴着耳机学习跨界知识或者利用碎片时间抓紧休息。又如，为了不漏掉重要工作，可以养成写任务小纸条的习惯。我自己的旧任务都在《滴答清单》上，完成了就删除。新增加的任务，我习惯记在小纸条上，做完一件，就撕掉一张。直至所有的纸条撕掉，这样感觉一身轻松。

每件事都能立即执行，慢慢地你会感觉自己可以支配的时间越来越多。客户也称赞我们，“我们咨询了很多位律师，像你们这样当天出方案的律师太少了”。你看，“唯快不破”就会成为核心竞争力。我们团队会公开承诺客户咨询案件 24 小时内出结果，这个承诺也吸引了更多、更优质的客户。

四、好复盘

“好复盘”，就是每天盘点失败和成功的原因。

“复盘”一词来自围棋，“复”指对过去的复习，“盘”指盘点。复盘是在每次博弈结束后，双方棋手把刚才的对局再重复一遍，加深对这盘对弈的印象，找出双方攻守的漏洞，提高自己的水平。因此，棋手的训练，大多数时间不是在搏杀，而是在复演该盘棋的记录，以检讨对局中关键招法的优劣与得失。在围棋界，一般学棋2年左右，就可以把下了两三百手的一盘棋一子不差地全部复摆回去。

孔子在《论语·学而》里说："吾日三省吾身"，意思是每日要多次自觉地反省自己。《原则》的作者达利欧（Pario）有一个公式：痛苦+反思=进步，也阐述了没有学会深度反思，个人就无法进步的道理。个人不断成长、进化的核心就是复盘。

很多年轻律师不懂得复盘的重要性，导致一直在原地徘徊，自己却一直不明原因，最终很长时间都没有实现个人技能上的突破，并且深深陷入"焦虑救火"的模式无法自拔。

在复盘过程中，我们通过不断地剖析问题与发问，倒逼自己做更有深度的思考，看清问题背后的问题，避免犯同样的错误，优化自己思考或工作的流程，发现新的知识和思路，认清自我并自我察觉，实现个人"螺旋式上升"。有人认为，我认真干活就行了，不用想那么多，其实，复盘的习惯并不是和工作截然分离的，只要有意识地培养，它在你日常的工作、生活、学习中不知不觉就可以养成。

好复盘的习惯是这样养成的：

（一）回顾

每天采取"过电影"的方式，把自己一天的主要经历回顾一遍，今天发生了什么？今天过得怎样？目标是否合理？目标是否达成？再对照自己的日清单（周清单、季清单、年清单）上的工作任务项，填写简单信息、回忆事实状况，然后梳理自己的问题所在。

（二）分析

分析这一点最难，是最需要自己反观、反思、反省的环节。

对照自己当时设定目标的初心、标准，检讨自己没有达成目标的卡点是什么？是设定的目标太高，还是执行过程中太多杂事打扰，抑或自己遇到困难太容易放弃？

例如，我原来设定每天写作 3000 字，刚开始写了 3 天，感觉就没啥可写了，实在憋不出内容，就想选择放弃。对此复盘过程中，发现如果设定一年写作的字数是 100 万的话，平均到每天需要写 3000 字左右，目标应该还是可以实现的，只是需要采取循序渐进的方式，自己之前没有写作的意识和习惯，突然一天要求自己输出 3000 字，可能难度超出了自己的能力，这就容易导致一旦没有完成日任务就想着放弃。因此，需要降低开始行动的门槛，让自己能够开心地坚持下去，养成写作习惯后再逐步加码。对于写作内容缺乏的问题，复盘后想到，应该是阅读量少了。因此，在原定每天晚上阅读 2 小时的基础上，增加利用其他碎片化时间或通过听书的方式阅读，增加知识的摄入量。提升了阅读量后，你就会发现原来写 300 字还要思索半天，现在经过持续阅读与写作，在 2 小时内写作 3000 字也不是什么难事。

（三）总结

总结的环节主要是提炼方法，针对问题给出行动计划。例如，每日制订的写作计划是3000字，可能会由于各种原因完不成，那么可以将能完成的方式分为不同情形。一是找整块的时间完成，如利用早上的3小时。二是利用一天16小时工作时间中的碎片时间，把随时所学、所想、所看都汇集起来并形成文字。这两种方式并行不悖。时间较为充裕的时候，可以安排大块时间完成输出，工作忙或者出差的时候，可以利用碎片时间书写框架，再找时间汇总即可。

（四）实践

还以写作的事情为例。我们为了实现每天写作3000字的目标，需要养成利用碎片化时间、汇总碎片化知识的习惯。碎片的时间如何收集？可以将工作过程、客户咨询、会议进行中发现的知识点，及时记住并理解。如果一时半会吃不透，马上记录下来或者用微信“文件传输助手”的语音功能读出来，有空时再转成文字。利用碎片化时间学到的知识再整理形成文字，3000字的数量就完成了。可以购买一支功能齐全的录音笔，最好具有把图片转为文字的功能。看到图片或者PPT及时拍录下来，有空时把图片或录音转成文字，就可以迅速完成输出。

五、好身体

"好身体"，就是养成良好睡眠、科学运动的好习惯。

很多人问我，你怎么像是打了鸡血一样，每天工作十几小时，还是精神饱满？我们的好身体在于父母给的身体天赋或者锻炼。

关于良好睡眠习惯的养成。刚刚做实习律师时，带教老师让我审核一份征收补偿合同，我看完合同条款就感觉脑力耗费得厉害，累得不得不趴在桌上休息，工作效率极其低下。我开始搜寻资料，解决自己易困的问题。看了很多的文章、学了很多技法后，才发现睡觉也是一门科学。普通人，每天晚上的有效睡眠时间大概是6—8小时，睡不够，就会精神不好，浑身乏力。深度睡眠的时间，集中在刚刚入睡的前3个小时。因此，早睡是解决精力不足的关键所在，每天晚上最好在23时之前入睡，短短3小时的深度睡眠，可以让你保持一整天的活力。当然早睡1小时，就要早起1小时。如果你是23时入睡，第二天5—7时起床是最好的。

我坚持整改自己晚睡晚起的作息习惯，重新调整为科学的时间表。固定午休也调整为不定时午休，养成了在出租车上也能抓紧时间休息的习惯。以前坐高铁或者飞机，会刷刷手机，现在会提醒自己抓紧时间休息，会把随身携带的降噪耳机和眼罩拿出来，尽可能迅速完成高质量的休息。出差的时候，仔细观察酒店房间的装修，看看哪些细节让人感觉有安全感，入睡更快。优质睡眠是这个世界上能对抗疾病、减少压力、恢复体力的良药，养成良好的睡眠习惯，要靠我们的学习、摸索、反复实践。

关于科学运动习惯的养成。运动是手段，目标是健康。原来以为跑步是最容易、每个人一看都会、成本最低的运动方式。为了让自己身体更有活力，迎接工作中一个又一个的高难度任务，我也开始跑步。坚持跑了一段时间，每次跑几百米就会很疲倦，而且跑完后感觉很累，状态反而更不好，逐渐让人想放弃。

仔细观察你会发现，身边很多人都在跑步，都有坚持跑步的习惯。一些客户的工作量远远大于我们，他们怎么能坚持每天打卡呢？你可以尝试加入专业的锻炼微信群，由专业的教练教你如何跑步。教练会告诉你如何从跑 4 分钟走 1 分钟开始，用运动手表时时监测，确保心率保持在设定的轻松跑心率区间。一般每次训练 20 分钟的轻松跑，再加上 2 组 200 米的间歇跑，在自己感受轻松的基础上，每周只需要练习 3 次。坚持大约 1 个月你就会发现，自己也可以连续跑半个小时了，说不定你还想着冲击马拉松呢。其中的奥妙就在于，每个人都有适合自己的运动强度，自己感觉“嗨”而不是感觉“怕”的程度就是最合适的强度。科学地监测自己运动的数据和合适运动的时间长度，在感觉自己身体最舒服、充满力气、快乐的内啡肽激素大量分泌时停止训练，那么你就会想着明天还要跑步。

原来看似简单的跑步，还隐藏着这么多的知识。

我们上述总结的 5 个好习惯，是通往专业律师路上必须经过的“神功”体系。必须谨记，成功不是一天就能达到的。我们可以根据自身的需求，从最紧迫的或者最容易达成目标的或者自己已经有一定基础的某个习惯开始，循序渐进。如果在“练功”的过程中有放弃的念头，可以多翻翻《微习惯》这本书，及时对自己的目标进行调整。只要你怀抱着长期主义的态度，扎硬寨，打好基本功，就能抵御不确定的未来。

第十九章　养成写作习惯

写作是“可以把自己的时间，长期重复销售很多次”的方式，是在职场与他人沟通的最重要的方式之一，也是我们日常工作的成果。毫不夸张地说，写作能拓宽你的人生道路，让你实现时间自律、财务自由。如果你每天坚持写作，你就会不由自主地去观察生活，逐渐地改变思维方式。当我们真正认识到写作的必要性之后，每天看过的一个视频、听过的一首歌、看过的专栏、读书的收获，能引发思考的任何一件小事，都可以成为写作的素材。

一、写作是一种刚需，是律师必经的成长之路

对于律师来说，我们的工作内容一半是写作、一半是演讲。小时候，除了语文课要求我们写作文之外，估计没有多少人下意识地训练写作技能。有时候想出去和小伙伴玩，居然把老师布置的3篇作

文在2小时内完成，而且还是不同文体，每篇字数不少于500字。大学时，偶尔也会写日记、给远方的朋友写信、恋爱时给男朋友写情书，记录一些不愉快、不开心的事。后来，我做了外贸行业8年，就再也没有写过一篇文章。

写作的重要性不言而喻，但是，走稳写作这条路，一开始却很难，选择太多、想要的太多。

执业之后，因工作原因需要不停地写诉状、法律意见书，似乎是为了写而写，写作的目的与性质发生了变化，有时候很痛苦。现在为了更好地成长，为了获得更多的人生自由度，写作变成了刚需，有了更深层次的意义。特别是要坚持写作的时候，就会不由自主地观察生活。刚开始写作时，需要收集素材、整理文章框架、修改错别字等，原本比较马虎的工作习惯，竟然在不知不觉中发生了较大的改变，注意观察自己到过的每个地方、注意检查自己的每篇小文章是否有错别字。这也许算是输入倒逼输出的一种表现形式吧。

做“万金油”律师的一段时间，经常被客户开低价，不成交又怕生存不下去。执业5年后，觉得这不是我想要的生活，太痛苦。痛定思痛，想要换一种执业方式。寻找了很多路径，慢慢尝试过，也碰壁多次，最后决定从写作开始改写人生。

起初我很纠结，生怕暴露自己法律逻辑的漏洞、语言表达的不完美，不想别人看到自己的缺点和不足，这也许是一开始我写作时遇到的最困难的地方之一。写作的过程中就必须突破这些狭隘的认知，我猜想，这也许也是多数人不愿意坚持写作的内在原因吧。

后来，为了能选择一条更加专业化的道路，我开始自学美国法律，报考美国加利福尼亚州律师牌照。学习的过程中，发现美国法律与中国法律有很多不同之处。有读者建议我把中美法律的不同之处写出来，分享给更多的人。此时的写作开始锻炼我的思考、逻辑框架建构。感觉自己平时已经搞懂的知识在输出的过程中居然还出现了卡点，原来自己并没有完全吃透，某些知识点与自己以前的理解原来并不是一回事。慢慢地，我逐渐锻炼出分析论证能力。文章发表后，我非常忐忑，不知道会被多少人嘲笑。没想到，有很多人给了我积极的反馈，这种高兴和满足，真是无以言表。这时我才明白，一篇好文章不是一次就能写出来的，必须经过反复修改。带着这个想法，我经常暗示自己，允许自己先写一篇全世界最烂的文章，然后再进行多次修改。有时是把整篇文章推倒重来，有时修改的内容多达一半以上。但是这种持续输出真的有进步，自我感觉也越来越好。最后，这些文章也开始对他人产生价值，有人愿意为你分享的知识付费。

所以，写起来，才是写作成功最重要的因素。

选择深耕疑难复杂的土地诉讼之后，我就开始挑战写专业文章。一开始是写不出的，原因有两个：一是观察不够；二是思考不够。当我们学会从不同角度深入观察、思考和分析问题，从不同的角度与层次去表达对事物的看法，写出一篇专业好文章就是水到渠成的事情。通过百度搜索引擎，把某一知识点相关的文章全部找出来，每天看几篇，多思考，留意别人对这件事的看法是什么，学习他们的角度和深度。接着就是不断地写，用输出倒逼思考和观察，从而养成良好习惯。另外，还要定期回顾自己写的文章，这也是对自己思考能力的提升。你能发现原来的思考有哪些不足和缺陷，有哪些角度没有考虑到，从而补足补全。

二、写作是一种刚需，是律师必须长期坚持的选择

我感觉写专业书的时间会很长，吓得不敢下手。究其原因：一是在自己的价值观里并没有真正地活在未来，没有看到未来写作带给自己的收益；二是缺乏耐心，写作的过程是很漫长的，不能很快看到结果，所以犹豫不前。后来自己开始阅读，通过大量的输入倒逼输出。同时，通过学习很多写作的书有了一些方法，决定从每天写 3 个字、30 个字开始，哪怕写自己今天的思考、感受，复盘自己的不足都可以。

后来又开始纠结，到底是写土地诉讼的专业书，还是写行政诉讼的专业书？是写行政处罚，还是写跨界成长？选择犹豫症，有时会成为你开始一件事的绊脚石。所以关键是，选一个就开始行动。我反复思考，土地领域更容易被人们记住，就写这个吧。选定后，哪怕在行动中调整也比在犹豫中没有开始的强。行动！行动！行动！

为了迈出第一步，尽快进入写作状态，必须要给自己设置期限。比如，在 23 时之前，必须完成 30 个字。这么小的工作任务，让任何人都不可能放弃，这也就断了给自己拖延的机会，也不会以寻找素材为由继续拖延了。

上路之后，我又遇到了“三分钟热度”的问题。比如，已经连续 21 天每天写 300 字，但是写完了也不复盘。写作又变成完成任务似的工作。有时候忙起来，就想做可以马上变现的事情，不想写作了。后来我才搞懂，事物发展的大致路径是波浪式前进，这个过程中遇到的低谷——心情不好、懒惰、想出去玩、没有素材可写、看不到变现方式等借口都会让你放弃。其实不光是写作，任何事情都一样，不可能一帆风顺。我就咬咬牙，为了自己能更快更好地成长，我要坚持长期主义，把写作当成终生事业来做。如果写作是一件难而正确的事情，我就必须埋头苦干，不想那么多，静待花开。

三、写作是一种刚需，是律师改变思维方式、认知能力的选择

写作的根源是思考，你大量阅读书籍后，还要做到有质量的思考。我自己是个行动派，思考力不足。为了学会有质量的思考，我又开始学习很多思考力的书，总结了下面 4 个方法：

1. **保持阅读**。养成边学习、边记录、边思考、边总结、边反思的习惯，将阅读视为终生必修课之一。对好书要一字不差地精读，不要快读。读一遍是不够的，3 遍也不为多。

2. **向优秀的人学习**。购买那些非专业、数据、理论功底扎实的专家课程，学习他们的思考方法并践行，转化为自己的习惯。

3. **保持好奇心**。对新事物持开放态度，保持空杯心态，并寻找一些简单易懂的类比知识，强化理解。

4. **善于反思**。出现问题时，多反思自己的选择与决定，总结对

错。不仅要从别人的失败中学习经验，更要从别人的成功中学习经验。

经过大概半年的践行，我逐渐感受到了自己思考能力的提升。

我坚持5年，在自己的微信公众号上发表文章，又用了2年时间，完成了第一本专业书籍《土地行民交叉诉讼裁判规则与案例解析》。后来，我又接到了法律出版社、中国法制出版社、人民法院出版社、中信出版社、华章出版社的邀请，出版了《行政机关负责人出庭应诉指南》《法律明白人》《政府监管与行政合规》等书籍。法律界各大知名培训机构纷纷邀请我前往授课。学习强国、《人民日报》、《光明日报》、新华社等官媒也竞相报道了我们的书籍。我也开始在抖音、视频号、快手、微博、头条、哔哩哔哩、小红书等自媒体上运营内容输出，吸引了很多客户不远万里慕名而来，希望付费获得咨询服务。

总结自己的体会，最重要的还是“践行”！没有行动的认知就是伪认知。如果自己属于行动力较弱的类型，特别是面对很多选择时，总想做出最优选择，殊不知，在犹豫不定时，时间与机会已经悄悄溜走。

随着写作习惯的养成，会辐射出越来越多的学习选项，我发现了越来越多值得用心去读的书。同时，写作还让我学会了倒逼自己输出、走弯路后重新找方向、理解现实的过程是波动曲折向上的，不再只关注别人的看法，更关注自己是否要磨炼内功。当你确定写作对自己的成长、未来都有利时，你就应该马上开始写作。不要担心没什么东西可以写，只要你去写，就会有越来越多的素材出现在你面前，其实这些素材一直都在，只是你平时不注意罢了。

当然，在写作的过程中，你会遇到困难，例如有素材也不知道怎么写。就像不会炒菜的人，看着一堆食材却无从下手，此时，你应该做的是，看着其中一个素材，然后想到什么就写什么。

有一点，你得明白，刚开始你肯定写得不好，就像第一次炒菜，肯定不好吃。你千万不要灰心，然后认为自己永远都写不好。错！这是最正常不过的事情而已。事实上，只要坚持写作你就会发现，自己时而写得好，时而写得差，但是总体是在进步时，你就不要太在意，不要因此不写或放弃，因为这是进步过程中必然遇到的现象。

千里之行，始于足下。只要写作这个方向是对的，朝着目标走，总有一天会实现时间自由、精神自由、财富自由，这一天的到来只是时间早晚而已。

第二十章　做好时间管理

时间是快速移动的资产，是每个人一生当中最宝贵的财富，它的广度与长度与每个人使用它的方式、效率息息相关。浪费时间的风险必须由自己来承担，无关公平正义，也无关什么内卷。每个人每周都有 168 小时，每月大约有 720 小时，数量有限，我们必须认识到，每一小时每一分钟都很重要。若想在有限的时间内创造出尽可能多的价值，就需要做好时间管理。

什么是时间管理呢？时间管理就是要制定使用时间的策略和技术，帮助你尽可能有效地利用好时间。我们需要经常自问：你能意识到你的时间都花到哪儿去了吗？你花费的时间，是否在某种程度上让你更加接近你的目标？你每天是不是浪费了时间？只有对时间的流逝保持高度警惕，你才能成为一个高效的时间管理者。建议大家买一块带秒针的手表，这样我们才能更容易感知时光飞逝、分秒不停。

实行时间管理之前，可以先记录自己的72小时是如何度过的。为什么推荐大家记录72小时，而不是24小时？如果记录24小时，数据不够多，不一定能反映我们时间流逝的真实情况。当然，记录不必太精确，只是让你学会一种思考的方法。例如，自己画一个表，记录在单位时间内，睡觉、吃饭、学习、阅读、看电视、打电话、发微信、运动、上班、上课、娱乐、家务活、其他杂事分别占用了多少时间。之后汇总每个事项占用的时间数量，我们可能会突然发现，是不是自己在家务活上花的时间或者刷手机占用的时间过多，而学习、阅读的时间就变得很有限。如果我们意识到了这一点，就可以重新制订计划。例如，可以提高做家务的效率，将做家务的时间每天减少1小时，每周就可以节约7小时，一年就可以省下365小时，这是半个月左右的时间。等于我们的时间比别人多出半个月，如果按照每天5000字的创作速度，省出来的半个月时间可以写出将近8万字的内容。

我们还可以再换一种思路。一天有24小时，一般情况下，休息8小时、工作8小时，剩下的8小时主要是就餐、休闲和社交的时间。如果能够充分利用这个时段，我们就可以拉开与别人的差距，因此，每周需要重点规划的时间就是这56小时。也许内心总是想着，自己需要与他人更快地拉开差距，争取到更多时间写作、学习或者打坐冥想，执行起来困难重重。这时，就必须要作出改变了。

可以运用“比较优势理论”破解有效安排有限时间的难题。这个理论原本是用于分析国际贸易的策略，引申的意思是说，我们应该衡量不同种类工作的成本和效益，部分工作如果外包给其他人做更高效且成本更低的话，就可以采取外包的方式处理。假设，我们设定的目标是一年赚 100 万元，每天工作时间可以是 10 小时，那么每小时就需要赚 276 元，意味着你应该把部分工作交给薪酬要求低于 276 元/小时的人员去做，而且他可能因为熟能生巧比你做得更好。生活中，你可以考虑是否找专业的家政服务人员承担家务劳动，把节约下来的时间用于学习或工作。实际上就是花钱买时间，把有效的时间花在刀刃上，找到最有价值的时间利用方式。

有效管理时间主要分为养成时间意识、确定目标和坚决执行目标三个步骤。

一、养成时间意识

有效管理时间之前，我也曾有过不少浪费时间的负罪感。比如，某些活动很诱人，在参与之前我会怀着美好的心愿，给自己设置时间限制。然而，身处其中才会发现时间总是嗖地一下在不知不觉中飞逝，变得完全不可控制。在这些活动上所花费的时间，居然远远超过了原来的计划。只有当我们知道自己平时是如何花费时间的，把消费的时间记录下来时，才会有管理时间的动力。每天依靠自我安慰是没用的，只会让自己一天天更沮丧。

二、确定目标

当我们确定了努力的方向与目标时，我们才能决定如何安排时间。例如，自目标设定之日起，在6个月、1年或者5年后，你想要达到一个什么目标？这个目标是否可以分解以及如何分解？分解的阶段性目标如何一步一步实现？也许你不用管什么长期目标或者短期目标，可以尝试先定一个1年目标，或者就把1年目标设定为短期目标，把自己的一生设定为一个长期目标。有的人觉得设定目标好麻烦，但如果我们不知道自己近期和远期想要的生活是什么样子，那么，我们就无法了解在达成愿望之前必须采取哪些步骤，以及需要给每一个步骤分配多少时间。

例如，我自己原本不是法学专业出身，但争强好胜，在从事律师行业时就比较适合做诉讼律师。律师属于知识型的精英阶层，只要静下心来用心去做，经过一定年限的积累，完全可以成为中产阶层，年入百万元、千万元是完全有可能的。于是，我给自己设定了一个目标，计划用10年时间扎根一个细分领域——疑难复杂的土地诉讼。土地权益和当事人的生产生活联系非常紧密，而且常常标的额较大，收到较高律师费的可能性也比较大，更容易实现自己10年收入增长的目标。

选定细分领域后，需要对目标进行拆解，重点拆解2个指标——专业指标与收入指标。只有成长为技术和名气位居全国前列的律师团队，才能实现业绩的增长。第一个指标是专业指标。我把10年分成3段时间。第1—3年，练好基本功，争取成长为一个地区较有名气的团队；第4—6年，成长为全省较有名气的团队；第7—9年，争取成长为全国较有名气的团队；第10年是实现目标的机动时间。这是分拆的第一个指标。第二个指标是收入指标。如何在10

年后，实现高收入。即便是年入千万元，也是由一万元、十万元、百万元积少成多的。当然，金额越小，可能目标越容易达到，时间也不会太久，因此，第 1—2 年可能会经历年收入超过 10 万元，第 3—5 年每年收入就必须过百万元，第 6—10 年每年收入才有可能变得可观。按照这样的目标设计，我们团队已经创业 4 年，专注重大疑难复杂土地诉讼，深耕行民交叉领域，现在全省不少地区都知道我们团队，收入也已经过百万元。下一步，就是要在全国打响名声，向着更高收入、更高效益的目标实行攻坚。

当然，上面的数据都会分拆为更细小的行动数据，对应时间分布，最终达到目标成果。例如，如何在当地做出与众不同的成绩？记得在广州市律师协会集中培训时，由于自己法学的底子薄，所以对于任何课程的学习都非常专注，无论是工作日还是休息日，都沉浸在学习中。当时心中有了从事土地诉讼领域的想法，花了很多时间去了解、调查广东省甚至全国有多少专注土地诉讼的律师团队。经过 1 个月的调查和了解，发现专注土地诉讼的律所和律师，广州市大概不超过 5 家，全国范围内的数量也很有限。再仔细研究了这些团队的业务特点和案件类型，大多都是与拆迁、城市改造、政府法律顾问有关。如果我们选择土地类的行民交诉讼案件领域，那将会是一个诉讼细分领域，而且竞争对手不多。确定好这个方向后，我就一头扎了进去，用了 3 年左右的时间，扎根在这个领域苦练基本功。写文章、讲课、出书，努力熟悉和掌握土地诉讼行民交叉领域案件的规律和类型；充分运用互联网媒介，通过抖音、视频号、各法律培训平台直播，加快了我们团队名声的传播。

3 年中，最难的是撰写专业文章。因为自己是非法学科班生，在学校学习的知识及毕业后的工作经历与法律专业完全无关，没有借力的地方。开始法律专业的写作，完全是从零开始。记得师傅看到我第一次写给行政机关的沟通函件后，只说了一句："好的。"从此就没了下文。我深知自己法律专业知识欠缺、写作水平不足，也不愿总是浪费师傅的时间修改，于是埋头苦练。

我制订了写作计划，尽可能确保每天都有写作时间。输出必先有输入。提示自己，每天必须完成一定的阅读任务。例如，每天看书 50 页，练习写作 3 小时。练笔输出第一个月每天 30 字，第二个月每天 300 字，第三个月每天 500 字，以此类推，渐次增加。3 年下来，只要想写，一天写 5000 字都是可以的。另外，每周必去一次图书馆，把馆藏里自己需要的写作参考书借几本出来。甚至 1965 年、1978 年毛泽东同志教写作的书籍都借来阅读，全面学习各种文书的写作方法。同时，也去参加收费或免费的写作培训班，如律师文书写作、商业文书写作、求职文书写作等，并且在网上购买学习类音频资料。

好了，关键点来了。每天投入在写作中的几小时的时间，是从哪里挤出来呢?

我当时就是用 72 小时时间梳理表。经过仔细梳理，我发现自己睡觉的时间太长。晚上 8 个小时、中午 1.5 个小时，睡觉用了 9.5 个小时。我马上找了很多科学睡眠的书来看，发现一个人只要学会科学睡眠，其实每天睡 6—8 小时就可以了，最重要的是睡眠质量。于是，我开始调整睡眠时间。晚上 24 点睡觉、第二天 6 点起床，仍然感觉精力充沛，这样就节约出来 3.5 个小时。另外，上下班的路途也是比较占用时间的，如果能把家搬到律所附近或者开车上下班，又可节约1—2小时。于是，早点起床开车上班，下班晚点开车回家，避开上下班高峰期，目的都是节约时间。然后，把写作培训课程的音频下载到手机，只要开车，就打开蓝牙，边开车边听课，这样花在路途上的时间就可以完成听课。经过这样的"精打细算"，挤出时间来写作就不成问题了。

三、坚决执行目标

学习法律，离不开理解背诵。我从抄写、诵读、背诵法条开始，每天不间断，坚持到第三个月的时候，发现自己拿起任何一篇判决书，张嘴能快速读完。语感终于训练出来了，写作的时候，逐渐可以写出一些法言法语了。

虽然解决了写作过于通俗的问题，但是没有法律思维、法律逻辑也是写不出来的。如何才能在真正的案件中写出有法律逻辑的文书呢？

我刚刚做律师助理时，自媒体和资讯还没现在这么发达，能够接触到的案件类型和文书模板还非常有限，师傅和其他律师还习惯于在纸质草稿上进行修改。于是我每天下班就不着急回家，等着师傅下班后清洁工打扫老板房间的时候，把师傅修改的纸张全部从垃圾桶翻出来，一张张仔细阅读，不放过任何一个字、一句话。有时也请清洁工阿姨把垃圾袋里面的文书挑拣出来、清洁干净，我再一张张学习。律所每台打印机每天打印出来的废纸放满了一个个纸箱，那是我学习知识的宝库。其中看不懂的部分就挑选出来放在文件夹里，等着律协每周培训时带着问题去培训现场，向经验丰富、喜欢分享的律师前辈请教。几年下来，虽然所里的清洁工换了几个，但她们都认识我，见我如此用心学习，都主动帮助我收集被人遗弃的法律文书。

经过我们团队的共同努力，2 年内完成了一本 30 万字专著——《土地争议行民交叉裁判规则与案例解析》，后由中国法制出版社出版。正是这本书的面世，为我们一举奠定了土地诉讼行民交叉业务的名声。

写作会改变你的认知。当确定目标、制订计划后，才有时间管理发挥效用的空间。也许，你不得不睡得少一点或者吃得快一点，又或者不得不减少与朋友聊天的时间。但是，只有制订了一定期限的计划，你才知道有朋友叫你去吃宵夜的时候，你是不是要拒绝；你才知道晚上是不是应该放弃与朋友聚餐而去研读《土地管理法》；你才知道要定期在图书馆借书、还书，做书店的 VIP 用户。

以年为单位有目标地管理时间，帮你省下来的是若干个月的时间。

如果你不能以年为单位管理时间，那么这就让时间白白浪费流逝，让以小时为单位的时间管理显得毫无意义。如果不能在每一个小时上有所节省，那么每年的时间也无法真正管理。这是一个系统工程，缺少哪一环都不奏效。

当然，上述例子只是以我的经历和感受为视角，给你的可能也只是启发，也许你有更好的方法或者步骤去实现你的目标。时间管理过程中，你需要做的是彻底的反省，自己到底想要一个得过且过的生活，还是想要一个可以实现时间自由、财富自由、精神自由的未来。如果是后者，你就要马上行动起来，用自己的方法找到平衡点，去实现梦想。

生活原本就没有绝对的公平，并不是你努力奋斗就可以实现梦想。很多时候，导致成功的因素和事件都会超出我们能力控制的范围。如果我们在自己能控制的范围都没有做好，就不用去抱怨不公了。

因此，在很多人问我“你是如何平衡工作和生活的”时我会引用一位成功人士的报道。他是这样说的：“我没有工作和生活之说，在我的世界里，只有睁开眼和闭上眼。只要睡觉，就是休息。只要睁开眼，就是工作或学习或娱乐。”于是我也是如此，睁开眼后，就是娱乐。工作就是娱乐、学习也是娱乐。三者就是一件事情，不存在工作和生活需要平衡的问题。

其实好多人不喜欢做的事情，成功的人也不喜欢做。尽管如此，成功人士还是去做了。生活就是在彼此竞争的压力下，不断调整的平衡。为今天而生活，为明天而牺牲。

第二十一章　训练自己的演讲

“演讲，已经成为商业沟通的必需”，它是一种说服，也是一种展示。律师向客户解释法律问题，在法庭上质证辩驳，甚至说服对方当事人的整个法律服务过程，其实都是说服的过程。青年律师如果能够掌握和提高自己的演讲技巧，提供法律意见时就可能大大增强说服力，取得事半功倍的效果。苹果品牌的创始人乔布斯，多次通过发布会向世界展示其作品，如 iPhone、iMac、iPad，他所使用的 PPT、表达技巧会让人怦然心动，毫不迟疑地买下每一部新款苹果电子产品。这其中乔布斯演讲带来的商业价值功不可没。

不一定非是那种站在舞台上给几百人宣讲的大场面才是演讲，向朋友表达观点、在公司汇报工作，都是演讲，都需要一点演讲能力。律师需要把演讲技巧融化成自己的内在能力，才能轻松应对不同场景的要求。有了优秀的演讲技巧，我们就能用演讲思维说服客户，引导对方接受我们的法律服务方案，也能够说服法官接受我们的辩护观点。同时，演讲能让我们拥有出口成章的能力并与写作相辅相成，能让我们的写作更富有逻辑。

那么，我们如何训练自己的演讲能力？这里有“道”和“术”之分。

一、“道”的层面

演讲最重要的秘诀，是把心放在听众身上，而不是放在内容身上。只有把心放在听众身上，用80%的功夫不断观察听众的状态，注意引起听众的共鸣，让听众被触动、有收获，你才完成了一场成功的演讲。在内容上，你需要花费20%的功夫。你必须对演讲的内容非常熟悉，达到随取随用，信手拈来的状态最佳。当然前期必须加强准备，就像揉面100遍，内容才能像橡皮泥一样随需呈现。

开始接触客户的时候，我们要求团队成员使用PPT为每位上门咨询的客户做讲解，并要求采取站姿演示。为了展示自己的法律服务方案，PPT都至少修改5稿以上，像揉面一样不断摊平重来。用这样的方法，更加贴近客户的需求，更容易提出最佳解决方案。近距离与客户互动、观察客户的表情，如果讲着讲着自己都觉得内容干巴巴的，或者看到客户已经拿出手机，那就说明，我们可能又陷入自己专注的法言法语了，必须迅速调整演讲，重新回到客户身上。演讲是一种影响听众的艺术，只有用心，才能入心。当然，做到这一点非常不容易，需要经过一个修炼过程。我们团队的每个成员经常在各种场合演讲，但是直到今天，大家仍然觉得自己还有很多需要改善和提升的地方。

演讲的核心，是以讲为形式的演。就像电影，是以扮为形式的演；演唱，是以唱为形式的演。演讲的目的，是用内容改变人的认知，用场域改变人的情绪。在演讲的场所，音乐、PPT、灯光都非常重要。就像看电影，你听别人剧透，也可以了解这部电影的主要内容。那我们为什么自己还要去电影院看电影呢？因为我们需要的是那种沉浸式体验的感觉。所以一场 2 小时的演讲，就等于一场 2 小时的电影观摩会或者音乐会。训练演讲能力，就像音乐家的训练方式，要不断地在听与被听之间调整每个细节。

我们还必须明白的是，演讲的基础其实是写作。说和写，是很重要的“思考”工具，思考并不仅仅是我们通常理解的大脑的活动。有些主题仅仅是坐下来思考可能难以想明白，或者你以为想明白了，其实还是一团糨糊。单纯“想”的颗粒度和严密性是远远不够的，思维很容易“跳”过真正的难点和卡点。只有用说逼着自己想、用写逼着自己想，才是真的思考。在说和写的时候，我们才会发现，只要有一个难点和卡点不解决，就说不出来、写不下去。写演讲稿是一个艰难的过程，写的时候我们才会发现自己以为想明白的事情，实际上并没想明白。

二、“术”的层面

我们必须掌握成功演讲的两个诀窍：准备和练习。

我们可能觉得演讲重要的是结构化思考能力，是用语言描绘画面感的能力，还要拥有舞台感，掌握手势、眼神、互动技巧……演讲的技巧固然非常重要，但我觉得更重要的是要勇于登上演讲的舞台，登上舞台你才有演讲技巧发挥的场所。登上舞台、张口演讲，是学习演讲的第一步。讲完每一场，我们要结合听众的反馈，不断作出调整优化。有时可以自己架个手机，把自己演讲的过程拍下来，演讲完毕后回看视频，我们可能会发现：自己的腿为什么一直在抖啊？自己的身体怎么一直往后躲呀？为什么不自觉说了那么多的“然后”啊？可能这些都是自己平时感觉不到的，必须通过自我观察和不断反馈，逐一纠正。一次演讲发现不足，下次再用手机拍摄、再回放、再纠正。一段一段、一遍一遍提高自己的能力，我们的演讲水平才会得到真正的提高。

演讲不是背诵演讲稿。一旦演讲者在台上背稿子，你就进入了一种纯复制的状态。你的大脑会一直在思考下一句话是什么。一旦背错了，想不起来下一句了，可能整个人就慌了，大脑变得一片空白。演讲的人只想着如何顺畅地把演讲稿背下来，必然会忽略和听众的眼神交流、演讲语气的掌控等技巧，当然演讲的效果也会事与愿违。因此，演讲稿只是你练习时的工具，内容必须烂熟于胸后，再经过自然地演绎去展示。

辩论是演讲的一种形式。我入职律所的第一年，广州市律师协会组织青年律师辩论赛，我积极报名参加。虽然自己法学功底不深，但律所认为踊跃报名精神可嘉，确定由我做一辩。想着自己是第一个发言，只要把稿子写好，死记硬背下来即可。模拟赛中，我就遭遇了背诵演讲稿的“滑铁卢”。当我发言的时候，由于紧张头脑一片空白，声音颤抖。尽管拼命深呼吸，也止不住身体不停地抖动，结结巴巴地背诵完稿子后，感觉整个人都僵硬了。对抗环节，我就像失忆了一样，没能给团队贡献任何价值。辩论赛结束后，我充满了内疚，再一次下定决心要苦练演讲。当然，内容为王，演讲稿在演讲中的作用也是非常重要的。所以，演讲稿写完后，记住一定要事先朗读几遍。通过大声朗读你才会发现，哪些地方不够通顺以及不够通顺的原因。

演讲需要不间断地练习。就像唱歌和表演一样，只有反复训练，演讲才会变成我们的能力。例如，可以每天坚持练习 5 分钟；可以对着镜子、家人、朋友甚至公园里的一棵树练习，然后用手机录制下来复盘；还可以多看一些名人和专家的演讲视频，看看他们是如何演讲的。但是要记住，我们从书上学到的，绝大多数只是如何练习技能的步骤，而不是技能本身。但凡律协或律所有任何的演讲活动，我们团队成员都积极报名参加。后来，为了防止心理紧张，我不仅把稿子倒背如流，还每天在地铁上面对陌生人，在心里模拟演讲的场景，克服对陌生人和陌生环境的胆怯。时间长了，我在陌生人旁边也能够丝毫不受影响地把演讲稿的内容滚瓜烂熟地输出。有时连做梦我都在演讲。到达这样的熟练程度后，演讲稿已经变成了我们自己的话语，面对真正的观众时，你的演讲就像在和听众交流一样，会非常顺畅。讲，持续讲，持续公开地讲，不断接受反馈，不断改进。你可能觉得这些是最笨的方法，但可能也是最好的方法。如果你想真练好一项技能，刻苦训练是躲不过去的。

演讲也需要“不打无准备的仗”。人在陌生的环境下更容易紧张，要想不紧张，就需要把陌生环境变成熟悉的环境。有一次，我们去聆听一位演讲大师的培训课。在说到如何提起勇气上台的时候，老师说，你只要站起来就能上台。当时，很多人对这个方法不以为然，大家议论纷纷，这不是废话吗？而我把这句话听进去了，下课向老师请教，他说，《乔布斯传》记录乔布斯也是内向的人，也很害怕演讲。但后来，每次演讲前一个月，乔布斯会先飞到演讲的场地，静静地待在里面，每天都去熟悉环境，最后才能做到正式演讲时不怯场。老师告诉我，这个方法的确是可行的。在一些重要场合的演讲，老师自己以前会尝试提前几天到达演讲现场，在现场每个角落坐一会，充分熟悉场景中的每一个角落，从每一个观众座位的角度去观摩这场演讲，以达到消除陌生的目的，从而在正式演讲时可以做到从容不迫。

我开始测试这个技巧是否管用。我自己从小到大非常害怕走吊桥，有时晃来晃去的吊桥会给人非常不安全的感觉，我向来是敬而远之。在此后的一次旅游中，在一个公园里遇到了一座吊桥，朋友们或快或慢都走了过去。我则选择安静地坐在吊桥的一头，打量着吊桥的绳结、螺丝钉等各个部件及吊桥晃动时游客的走姿等。经过仔细观察，心里对吊桥的坚固程度和摆动幅度已经充分熟悉了，基本上克服了对吊桥的恐惧和担心。最后，我站起身，鼓足勇气，晃晃悠悠地走过了 30 米的吊桥，实现了人生第一次的挑战！从这件事情后，我相信了《乔布斯传》中的事先准备的技巧，在此后的每次演讲中，我都会在台下事先熟悉一下演讲场所的情况，当踏上讲台时，再也没有任何的退缩。

演讲训练这件事情告诉我们，要想获得自信心、勇气以及能力，也许并不像大多数人所想象的那么困难和难以达到，只要我们事先准备充分，从一份演讲稿中走进去，再走出来，多从听众的角度检验自己演讲的效果，演讲成功是不会有问题的。当然，需要重复一次，演讲训练没有捷径可走，从开不了口、上不了台，到感觉如鱼得水，这背后除了不断地练习，别无他法。

第二十二章　玩转自媒体

我们首先要知道，为什么要玩转自媒体？自媒体解决的是影响力问题。

一、传统“破圈”方式

我做律师助理之初，非常羡慕律所的合伙人，每天都有接待不完的客户。我抠着自己的手指头，算着自己从老家来到广州 5 年，只认识 3 个当地人——房东、卖桂林米粉的老板娘、小区门口收垃圾的大叔。当时就梦想，如何能有这么多的客户呢？可能的方法是，认识更多的人，然后，这些人都信任我，这样他们就来找我解决问题，我就能够拥有这么多的客户了。那去哪里认识这么多人呢？本来打算去商会，可惜会费太高，自己支付不起，就选择了免费学习的律所、律协、协会。又经过 5 年，发现自己身边出现了好多专注疑难土地诉讼的律师同行，在各种场合的营销效果立现，很多同行都推荐客户过来。但是，仍然没有“破圈”，触达到直接上门的客户。

为此，我一直都不敢独立执业，做了7年律师助理。在一次课程中，听到一位法官分享自己的写书方法论，以及如何通过书中的专业内容影响全国各地的粉丝。那一刻，我醍醐灌顶。原来，我们可以通过写作使自己获得影响力，而这个影响力能帮助我们破圈，吸引客户上门。

影响力原来才是破局点！之前的我，对律师执业的发展一直存在理解误差。认为整个行业都是师傅带徒弟，跟着师傅好好学个三年五载，就能积累到客户，这个观念是落后的。因为我发现自己每天认真上班8小时，甚至16小时，获得的报酬只有那么一丁点。每天面对电脑、文件，重复着从家里出发，去律所上班，然后去客户公司沟通，去法院送材料，我能够见到的人屈指可数，他们即使以后能够成为我的客户，数量也是非常有限的。而工作5年左右，这些手头活，我基本上能熟练掌握，自己能够创造的价值空间很有限，自然也无法掌握更多的财富和自由。

有一次律所一位资深律师好心与我聊天，他说，“你怎么每天都坐在这里，要勤快一点跑到外面，去找客户呀。不往外跑，哪里有客户呢?”我当然知道要跑出去，但是客户在哪里呢?当然，我天生比较清高，不愿意放下身段，去拉客户成交。另外，自觉水平也有限，迟迟不敢出去开拓市场。

二、自媒体“破圈”方式

既然姜强法官说，可以通过写作找到客户，那我就用这种成本几乎为零的方法，尝试一下？争取能影响尽可能多的客户，并且让他们信任我，成为签约客户。那我也要像他一样，发布创作成果，要到别人看得见的地方去做内容输出。我鼓起勇气，从 2015 年开始研究微信公众号。我发现，微信公众号更喜欢作者用利他思维，去输出优质内容。于是，我注册了一个微信公众号，希望能分享自己的专业知识，影响更多的人，获得更多的客户。第三个月，我的原创文章《中美法律对比》，内容比较稀缺，展示法律知识的角度很特别，还独创用漫画和可视化图表解释案情，吸引了世界各地的粉丝，这令我始料不及。之后推送的文章涉及婚姻财产分割、税收案例分析、行政诉讼感悟等，几乎每发表一篇文章，第二天就会有上百人主动添加我的微信。

当然，微信公众号输出内容，也是有方法的。

第一，传播读者更愿意阅读的内容。这就是内容的价值。一般来说，能够缩短读者获得知识的时间、降低学习知识的门槛，这是快速阅读时代读者期待的获取知识的方式。能把知识掰开了揉碎了、能用简单的干货解决一个痛点、能对信息高度浓缩整合的知识，才是大家都愿意看、愿意花钱购买的法律知识。

第二，关注热门领域，紧跟热点，追踪时事写评论。最初，自己的水平不行，看到一个新闻热点，要写出评论，难度非常大，还要耗费很多时间，但是也会超级磨炼自己独立思考能力。这些热点就是更多人想了解的空间，你必须切入进去，才具有信息价值和高传播性。通过大众感兴趣的内容去传播，这样的影响力会更大。

第三，简化内容输出的形式。例如，用语音、短图文、短视频的方式，这些方式至少会让人接受更快，传播效果是最好的。后来我的微信公众号文章开始加入我本人朗读全文的录音；把文章拆分成几个知识点，每个知识点再写成简单文案，拍摄成视频，在各个平台发送。我只希望尽量把更多的内容通过各种形式与大家分享。

在微信公众号上尝到甜头的我，听说抖音很火爆，也想尝试。但是感觉自己是律师，抖音平台那么“低端”，如果自己上去传播，怕被熟人看到。另外，还有外貌焦虑，担心自己长得不好看；能力焦虑，担心自己做不好，被周围人嘲笑。于是，我就去加很多自媒体直播博主的微信，向他们请教如何克服外貌焦虑、能力焦虑。他们的回答是，其实很多的明星，对自己的外貌也不自信。这是所有人的顾虑，不是只有你一个人出现的问题。但是当你知道这是所有人都放不下的问题，你反而就可以放下自我折磨，开始关注能力部分。对于能力焦虑，考验的是勇气。看看你是否有勇气将自己的不断进步，展现在公众面前。如果你坚持自媒体输出，你的能力会变得越来越强。目前的专业能力不足，不应该成为焦虑、阻碍你成长的理由，而是应该成为坚持做自媒体、坚持进步的理由。因为，教就是学，输出就是最好的成长。

当然，以上只是心理上的疏导，每个自媒体平台为避免被熟人看到，也有具体实现路径。例如，不推送给认识的人、不绑定第三方账号、隐藏通讯录等。

万维钢在一篇文章中写到，一个内核强大的人有三种气质：超越身份思维、观念同步更新、价值观向下兼容。用一个公式来表示：成事＝头脑发达＋四肢勤快＋烟火气＋执行力。

律师从来不缺想法，我们的思维和观念跟得上，价值观能不能向下兼容呢？能不能俯下身子去触地？节操线能不能往下移？在全面给自己做好心理引导后，我就开始定心做抖音。先研究抖音头部主播的内容、播出时间、播出长度、衣着打扮、内容逻辑、语句语式等，再找到自己对标的账号，继续模仿，然后播放、测试、复盘、调整。从自己每天写法言法语的专业文章，变成每天必须要写大白话。用最通俗易懂的文章，深入浅出地解释一个知识点。从各种角度来打磨抖音文案。短短 1 个月时间，我们的粉丝就突破了 1 万人。不到 1 年的时间，我们在专业非常垂直细分的领域吸引到了将近 20 万粉丝的关注。

从最初担心内容会枯竭，到后来发现，越是专业深邃的知识，越是自带多样性，虽然我们只专注土地诉讼一个领域，但是保证每天输出一个文案，基本不存在问题。这就是为什么人们能够十几年甚至几十年钻研一门学问，这个过程中的快感是源源不断甚至逐渐增强的。

当然，触电抖音后成绩不错，我们乘胜追击，又加入头条优质作者的评选，每天都能赚取上百元的稿费。快手、小红书、微博、哔哩哔哩，我们都慢慢去接触。当然每个平台的受众不同、调性不同，我们文案产出的难度开始加大。这就需要你提高自己的洞察力，为每个平台写出更好更准确的文案。

没想到，在不同平台的短视频内容输出、演绎、直播，彻底锻炼了自己演讲、随机应变的能力。在后来各大律师行业平台授课时，我们的风格也因为接地气、好听不累而广受律师同行的喜爱。甚至有学员发来微信称赞：老师的课程，讲的是“妙趣横生如听书，醍醐灌顶深感悟”。我们精心打造的好内容、好课程，让自己的品牌形象很快植入粉丝的心智。

客户开始慢慢增多。数据表明，坚持3年新媒体运营后，我们团队的客源从90%是同行推荐，变成50%同行推荐，还有50%是客户自己通过各种渠道找上门来。

作为一名专业律师，一名知识IP，我深深地感受到，内容建设是影响力的核心。

打磨高质量的内容最关键的是要时刻把握用户需求。就像《需求》作者斯莱沃斯基（Slywotzky）说的：“真正的需求，潜藏在人性因素与其他一系列因素的相互关联之中。”这些千奇百怪、不断变化的因素，包括金钱和情感成本、社会规范、基础设施、产品设计、沟通方式等。所有这些因素通过一种复杂而无法预测、违背直觉的方式相互作用。只有理解这一切，才有可能创造出真正的需求。

那么，如何做到呢？我会每天研究中国裁判文书网，自然资源部、各省国土资源厅、各市国土局的官网及搜狐经济等财经频道，研究案例数据、新闻、通知等，哪些会影响老百姓的生活。例如，看到自然资源部发出整顿各地违法建设别墅的通知，我马上查找因为缺少规划报建手续而被强拆的别墅案例，用一周的时间写出大数据报告，分析法律风险，并发表在微信公众号上。为了能延长自己观点发酵的时间，我还会拆分大数据报告，针对不同的关键点，写出更深入的分析文章，或者从原告、被告、第三人不同的角度，进行风险提示。后来，这个别墅题材的热点文章持续刊发了 3 个月，陆续吸引了全国各地的案件，成交了好几宗。这样的成交方式，成本低、效率高、用户数大，总比自己跑出去找客户好，因为这样更精准。

别墅违建强拆类型案件，其实就是我们的产品。我们的方法是，先打磨产品，做大数据报告。通过大数据报告，进行最小可行性验证，验证产品的可行性。然后再大规模推广拉新，陆续创作一系列的深度文章，达到产品与市场的契合。再看流量池里的数据，对公众号、抖音后台的留言量、点击量、转发量、评论量等数据进行分析，切中客户需求的内容，继续做产品。只要起步对了，美好的事情就随时可能降临到你的身上。

在自媒体运营的过程中，还有一些要点需要与大家分享。

1. **短视频是做一个口头表达。**表达的关键就是做好听众的体验管理，要像一个导游一样，带着听众往下走。比如，首先要跟听众建立联系，然后通过一些专属性词汇，管理听众的注意力。我的短视频内容就借鉴了罗翔老师的“法外狂徒张三”，我创造了一个村长“旺财”，总是由旺财的出场提醒大家认真听故事。

2. **短视频的脚本太重要了，如何强调都不为过。**写文案有天赋的，天然会有很多的梗或者点，能抓住粉丝不离开。你还要学习一些传播学、电影学、新闻学、灯光摄影、品牌营销等方面的知识，因为文案脚本最终是通过视频表达出来的。拍摄短视频也是一个巨大的挑战，你必须要多拍、多练。要在粉丝一闪念之间留住他的注意力。因此，文案开头的设计不要让粉丝承担思考成本，他第一眼没看明白，可能也就没有看第二眼的可能了。文案脚本切入点，要么直击人性的本能，比如贪嗔痴，让粉丝本能地继续看下去；要么能契合粉丝最熟悉的场景，让他觉得这个法律知识可能和他有关系。比如，每年年底，正好是各个村集体分红的时间点，在年底的3个月时间里，我们就会多发一些村集体与村民分红纠纷，村民资格待遇，外嫁女、大学生股份配比纠纷等内容。

3. **标题党有时也可以涉及一些**。例如，(1)震惊！×××（好奇+焦虑心态，分享后彰显自己的信息充足感）；（2）如何××&××是一种什么体验（其实不算很标题党，常见典型如知乎提问标题，很简单，但是囊括渴望解决问题和猎奇心态）；（3）这些小技巧1分钟就能学会或一天get一个小技巧（追求效率高效速度）；（4）为了家人/爱人/朋友转（社交心态）；（5）是××人就转（身份认同心态）。

在文案的“鱼塘”里，像姜太公那么佛系，愿者上钩是钓不到鱼的，要有锋利弯曲的钩子、传遍整个鱼塘的香料和忍不住咬一口的诱饵，即使技术差、起钩时机抓得不太好，也能轻松钓到鱼。

慢慢地，我们的时间也开始不够用了，随着内容输出能力的增强，你需要更多的时间专心做内容。你开始组建团队为你服务了。客户也开始慢慢增多，你开始选择客户。大客户自己留用，小客户外包或者留给团队其他律师，团队内部人员也不仅仅是律师了。

自媒体的传播速度之快，让我非常吃惊。从没有客户，到做自媒体3年后，每天都有客户临门，我把自己的时间和精力都投资到了自媒体账号上。一开始，我也没有太在意什么平台，也不懂有没有红利期，踏踏实实坚持了 3 年，每一天都用脑子去做。金钱 + 时间 + 大脑，这三样至少得花 2 样，大概率是不会亏的。

说到这，让我想到米兰昆德拉《雅克和他的主人》剧本里的最后一幕：

“我们往哪走?”

“我们往前走。”

“哪里是前?”

“这是我们人类最古老的笑话，不管往哪走，都是往前走。”

有时候，我们知道了太多反而束手束脚，前怕狼后怕虎。在人生的十字路口，怎么走都是前进。但前进不是方向，行动才是。

我想对一直在等待机会的你说：在没有遇到更好的机会时，当下你能抓到的机会就是最好的。让我们一起终身学习，玩转自媒体，向自由而生。

第二十三章　制作法律及案例检索报告的“五步法”

检索法律及案例，是大部分律师初始接触案件时一项迫切、必要的工作，同时也是律师解决绝大多数法律问题时一项基础性、前置性的工作。检索法律及案例对专注于土地争议类行民交叉诉讼案件的团队尤为重要。代理重大、疑难、复杂土地纠纷案件的各个诉讼阶段，面对长达数十年时间跨度的案件事实、错综复杂的法律关系及庞大艰涩的法律条文，我们更需要通过制作法律及案例检索报告，对案件的每一个争议焦点进行细化和梳理，最大限度地整合出有效信息，为主办和出庭律师理清复杂问题、形成办案思路打下坚实基础。

法律及案例检索报告不仅具有基础性作用，在诉讼中，律师也可以将检索报告呈递法院，作为阐述我方观点的参考，帮助法官更便捷、更明确地理解我方诉求或抗辩理由，提升我方诉讼质量和效率。

制作一份专业、全面、精细、准确的法律及案例检索报告，需要持续学习和总结实践经验，要求我们在每一个案件中都沉下心来调整、修正和思考。经过多个案件的苦心磨炼和实战，我们团队总结了宝贵的经验和技巧，形成了独特的方法。

一、检索法律及案例的误区以及应对方案

由于缺少办案经验，在系统学习检索和着手处理案件前，辅庭律师常常听不懂主办律师的要求。辅庭律师要么十分宽泛、无准确目标地根据直觉，从成百上千个案例中选取类案；要么执着于与拟检索案件中一个或几个事实情节、诉讼主张等具体方面相似的案例。

总体来说，上述两种方式都是粗略、宽泛地进行模糊检索，并且检索结果较杂乱，难以抓住重点，容易遗漏相关的事实和法律问题。“世上没有两片完全相同的树叶。”虽然中国裁判文书网公布的生效裁判文书逐渐增多，但要查找到完全相同或高度相似的裁判文书，概率还是较小。如何才能立足全案，有目的地检索出符合要求的报告？我们建议采取“分解思维式检索法”——初步梳理争议焦点、紧扣争议焦点分别进行检索、从检索结果中摘录与争议焦点相关的内容。因此，围绕争议焦点有针对性地展开检索是法律及案例检索报告的基调。

二、检索报告“五步法”

在争议焦点已经初步确定的前提下，诉讼过程中如何细化、完

善法律及案例检索报告，我们可以总结为“五步法”（Five Steps）：

1. 认识初级法律及案例检索表；
2. 根据争议焦点查找相关案例；
3. 根据争议焦点查找相关法条；
4. 根据争议焦点查找热点文章；
5. 完善法律及案例检索表。

上述五个步骤是法律及案例检索报告制作的基础框架，下面我来逐一拆解和说明“五步法”：

（一）认识初级法律及案例检索表

制作法律及案例检索报告之前，我们需要对报告的具体类型和内容有初步的认识，再根据具体的类型和需求将框架代入，检索任务和目标就会更加清晰、明确，达到事半功倍的效果。

制作检索表的工具有很多，建议根据检索表的分类，使用Excel 表格搭建法律及案例检索表的框架。

1. **根据使用主体不同**，可以将法律及案例检索表分为团队成员自用版本和提交法院参考的法院版本。两个版本具有不同的侧重点和作用。

在团队成员自用版本中，提倡完整、全面摘录所有涉及案件的法律法规、判例等核心内容，这有助于团队成员使用和修改报告时对案件进行全面评估，有助于拓宽办案思路、形成诉讼观点，节省成员间反复沟通和补充的时间成本。在提交法院参考的版本中，建议选取与案件争议焦点较为相关、说服力强，同时能给我方观点及诉讼主张予以支持的内容。达成该目标，需要在初级法律及案例检索表的基础上，根据后续不断增加、修正和完善的证据资料、争议焦点、起诉状、答辩状、代理词等文书的思路互相补充，逐步对照删减。

2. **根据检索对象不同**，法律及案例检索表的内容可以基本分为法律检索部分、案例检索部分，如有与拟整理案件有联系的热点文章、学术观点也可视实际情况录入。

第一，案例检索的要点。（1）检索案件的全称、案号、案由、审级、审理法院；（2）事实查明部分（与拟整理案件有联系的）；（3）本院认为（与拟整理案件有联系的）；（4）判决结果；（5）备注或说明（可就案例重点内容与拟整理案件有关联的重要问题进行简单说明）。

第二，法律检索的要点。（1）相关法律法规名称、发文机关、发文字号、性质、生效日期以及时效性；（2）具体选取的条文、条文主要内容；（3）备注或说明（可就选取条文与拟整理案件有关联的重要问题进行简单说明）。

第三，热点文章和学术观点的要点。（1）标题、发表时间、发表人、发表的刊物（尽量选择核心期刊或者相关领域知名专家的文章）；（2）文章主要观点；（3）备注或说明（可就重点内容与拟整理案件有关联的重要问题进行简单说明）。

值得强调的是，检索表需要注意索引，即关键词。索引可以是检索时使用的关键词，也可以是经过梳理的，与拟整理案件重点问题相关的关键词。许多律师在办案过程中会要求辅庭律师在检索时注明关键词，以便团队成员或法官更快速、更明确地定位法条和关联案件。

（二）根据争议焦点查找相关案例

第一，在 Excel 中逐一列明现阶段的争议焦点。

第二，在各争议焦点项下有针对性地检索案例。建议可以按照以下顺序进行：（1）最高人民法院公报案例；（2）最高人民法院案例；（3）案件管辖法院的上级法院案例；（4）本案管辖法院案例。

按照此顺序检索的原因是，这几类案例参考价值相对较大。在没有这几类案例或这几类案例关联性不强的情况下，也可以按照案例相关性检索其他地区法院的案例。建议全文下载制作案例检索表过程中所使用到的全部案例，依照“支持我方主张”及“未支持我方主张”进行分类，分别归入不同文件夹，并标注关键信息，方便二次查找时迅速锁定重点。

第三，将检索结果逐一对应摘录至每项争议焦点下方时，须注意在检索案例时应认真分析法院引用的法条，判断是否与拟整理案件有关。如有关，应及时摘录至法律检索表，减轻下一步法律检索的工作量，并在案例表中作重点标记。

（三）根据争议焦点查找相关法条

查找法条时，我们可以考虑从以下方面着手：（1）初步梳理案件相关材料涉及的法条；（2）案例检索时同步发现的有关法条；（3）结合争议焦点，有针对性地整理法条。

全面整合上述法条，应严格按照法律法规名称、发文机关、发文字号、性质、生效日期以及时效性等要点，将其逐一对应摘录至每项争议焦点项下。

摘录条文需要注意两个关键问题。一是效力层级。上位法位于下位法的表格上方，特别法位于一般法的表格上方。二是时效性。不需要摘录已经失效的法条。如案件时间跨度较长，已经失效的法律规定与案件有紧密联系，或涉及溯及性问题有必要摘录失效法条的，请注意说明理由和标注“失效”两字，提醒团队其他成员或法官注意。

（四）根据争议焦点查找热点文章

对应案件争议焦点，有针对性地通过关键词搜索相应的新闻、文章或评论等，将其中的重要观点逐一摘录至每项争议焦点下方，列明文章标题、发表时间、发表人、文章要点等信息，进行重点摘录，并备注本案可以借鉴文章中的哪些观点，为解决疑难案件提供参考。

为了方便迅速查找、定位收录的文章，建议在备注中附上来源链接，同时将文章全文下载，在全文中标注已经摘录进检索表中的内容。

（五）完善法律及案例检索表

制作法律及案例检索报告不仅仅是办理案件的前期工作，其在整个诉讼流程中都发挥着至关重要的作用。随着案件材料的增多、对案件分析的完善、对案件理解的加深，需要及时修正、更新法律及案例检索表。建议一方面根据案件阶段和进度，时刻检查是否需要对法律及案例检索表的侧重点进行调整或补充；另一方面根据案件争议焦点的变化更新检索表。

以上仅仅分享了初级检索报告的基础内容，简单介绍了办案过程中可以使用的较为便捷的检索模式。中级版本的法律及案例检索报告可细分为法官版和当事人版，或 Excel 表格版和统计学版。高级版本的法律及案例检索报告会根据基础的检索，制作为可视化的分析图，更加直观和简洁地展示案例及法条检索结果，为法官或当事人理解疑难复杂案件提供帮助，使案件的关键事实、同类案件裁判结果、现行法律规定等信息变得一目了然，提高诉讼效率。

需要再次强调，上述经验针对的是具有常规性、可以在接触案件的初期就基本梳理出争议焦点的案件。当我们遇到一些疑难复杂案件，不能迅速确定案件的突破点和争议焦点时，就需要以本经验为框架基础，通过宽泛的案例及法条检索来激发灵感。通过检索，对案件的讨论和理解提供坚实的支撑，在不断厘清案件事实和法律的同时，反作用于检索，促进检索报告的完善。

第二十四章　如何开好一个庭

出庭抗辩，是诉讼律师所有工作中最重要的一环。法庭就是战场，律师就是战士。为了打胜仗，律师必须提前对每一个诉讼环节做精细准备，同时做到知己知彼，才能百战不殆。

一、庭前准备

律师出庭的目的是说服法官接受我们的观点，帮助法官把支持我们观点的逻辑梳理清楚，并协助快速完成判决书观点的论证和写作。因此，我们要抓住法官当庭询问我们的每一次机会，趁机把法官不清楚、不明白的事实，用通俗易懂的语言沟通交流，展示我们的论点和论据。这个过程非常考验人。“台上一分钟，台下十年功”，除了需要扎实的法律基本功之外，还要有演讲、心理学的知识与技能，才能达到好效果。

1. **熟悉案件事实，能随时回答法官关于案件事实的提问**。这个基本功，可以通过做案件事实的大事记、时间轴来完成。

律师需要从每一份文书上摘抄重点部分做成大事记，并在大事记上做备注，提醒自己，这个事实存在争议，那个事实还需要进一步检索学习。

时间轴的功能，是方便查找案件争议双方的分歧点，一目了然地抓住争议焦点，开庭时迅速锁定案件事实对应证据号和证据页码。我们通常要做 2—3 张时间轴：第 1 张是罗列所有事实的时间轴，方便后期筛选；第 2 张是在第 1 张的基础上，把涉案事实全部筛选保留，在筛选保留的过程中，我们要思考，案件事实之间能否自圆其说；第 3 张时间轴是提交给法官的，罗列的是与争议焦点有关的关键事实，方便法官秒懂我们的观点。如果案件经过了一审、二审，我们还要做其他的图表。例如，案件事实对比图、一审法官观点分拆图、二审法官认定证据对比图等。经过这些流程后，我们已经把案件事实反复揉碎整合，开庭前几乎能对案件的关键事实倒背如流。

2. **制作庭审提纲**。为了能在开庭时全面阐述我方观点、准确驳斥对方观点，我们必须要做庭审提纲。团队个人习惯不同，有人喜欢用幕布、有人喜欢用 Xmind、有人喜欢用 Mindjet、有人喜欢用 Word 或者 Excel 表格，这些形式都行。最重要的是把“破和立”的观点逻辑架构好，把自己的诉状和对方的答辩状对应列明，其中，抗辩的观点，事实依据，法律依据，对应的证据号、证据页码，检索到的有利或不利观点，如何抗辩，对手的破局点是什么，如何封堵等，都要一一列明。

记得第一次代理行政诉讼征收强拆案件时，当事人（行政相对人）在庭审前不断地把一些紧张、困惑等负面情绪抛到我身上，让年轻的我身心遭受到了很大压力。该案是上午开庭，我把庭审提纲做完后，感觉内容能满足一个上午（半天）的量了。后来再次检索时，发现补偿款的评估报告多处数据出现了问题，我又增加了申请评估人员及我方证人出庭作证的环节。增加这两个流程后，我还需要把所有可能与流程有关的不利环节重新检索，查法条、查败诉判例互相佐证。这么一折腾，整个庭审提纲写了满满 9 页 A3 纸。果然，充足的准备，让我们的庭审进程非常顺利。但由于新增两个流程，导致庭审时间从 3 小时延长到了 9 小时。全天的庭审，对于第一次独立出庭的年轻律师，我全靠着庭审提纲撑完了全程，最后取得“民告官”诉讼的胜利。这个良好的工作习惯，我一直保留到现在。

3. **按照庭审流程，起草逐字稿**。开庭非常考验临场反应，平时缺少演讲、路演训练的律师，一旦没有提前把自己的逻辑自洽好，当庭就容易受到各方压力、环境等因素影响，出现失常发挥。好记性不如烂笔头。我们应当按照开庭程序，把自己要发言的内容全部写出来。书记员宣布纪律、是否申请回避，我方代理身份的叙述、授权权限的叙述、开庭陈述、举证质证（质证意见）、法庭调查（预判法官发问的问题清单）、法庭辩论（我们围绕哪几个焦点辩论）、争议焦点归纳的几套方案、最后陈述等，凡是开庭需要发言的所有内容，全部在脑海中“过电影”。凡是涉及的内容，都不能以“自己知道了”“麻烦”等借口偷懒，而不将相关内容写出来。在写出来的过程中，又一次把庭审过了一遍，这样真正上“战场”的时候，才能彻底做到以不变应万变，彻底杜绝律师自认错误事实的惨状，防范赔偿的执业风险。

4. **模拟法庭**。为防止书面起诉内容、抗辩观点经不起合议庭成员、对方律师团队的质疑，开庭前，我们建议在团队内部组织小型简单的模拟法庭。我们可以安排 3 位队友，分别扮演法官、原告、被告，模拟一次庭审流程。我们也可以抽离一些关键争议点，找到多位团队律师、助理，进行多轮争辩。“道理越辩越明”，你才能知道原来对手有可能会在这几个角度把你封堵。当然，有条件的，可以邀请律所资深律师或者退休的仲裁员、法官、检察官等扮演不同角色，进行模拟对抗。这样的好处是，不仅能在战斗之前及时发现自己的软肋，还能让出庭人员保持兴奋和必胜决心。

5. **庭前事务**。及时处理好诉讼衔接、诉讼文书及相关资料的准备工作。

（1）积极与法官或书记员保持联络。通过联络确定如何提交证据资料、补充提交证据、答辩意见、质证意见，确定开庭时间、开庭地点。部分案件需要庭前与法官或者书记员交换意见，也需要及时对接。

（2）使用不同颜色纸张装订正反方诉讼资料。如果是一大沓诉状和证据，我一般会把各方诉讼资料用不同颜色的纸张装订为一本书，开庭时可以迅速找到对应的证据或文书。特别是针对重大疑难案件，各方多次诉讼、诉讼文书特别多的时候，装订成书也是保证材料不丢失、提高庭审效率的好办法。另外，可视化图表也需要提前打印，足份提交法庭。

（3）校对授权材料、诉状份数、证据原件、光盘、图表等材料，多打印1—2套备用。

（4）如果涉及新证据，还应高亮新证据，方便法官或者自己迅速找到。各方证据不能混乱摆放，以免混乱导致律师陈述错误。

（5）彩色可擦笔一套，便于勾圈。凤尾夹、订书钉、便利贴等准备若干。

（6）本人和主办律师的律师证、身份证的原件及复印件，律师袍、电脑、手机、充电器等。

二、庭审重要环节的正确姿势

（一）开庭陈述

开庭陈述就是用3—5分钟的时间，简明扼要地述说事实。目标是在法官心中抢先种下一颗我方观点的种子，以期在庭审中展开，达到说服法官的效果。鉴于陈述时间短，开庭陈述必须围绕争议焦点展开，特别是在重大复杂的案件中，争议焦点也许有好几个，如何将这些焦点串联起来，简单明了地向法官呈现纷杂的案件事实，是需要法律逻辑、语文修辞功底的。

开庭陈述应当尽量使用法言法语脱稿演讲，要与法官有眼神交流，引起法官的共鸣。切记不要照本宣科似地朗诵，重复诉状内容。对于生僻知识点，还要用生动语言或例子及时解释，以免法官因难以理解陈述内容而走神。同时，还要注意书记员的记录速度，否则被书记员叫停，影响整个气场的发挥。

（二）法庭调查

法官出庭前，也会带着疑惑或者问题清单出场，法庭调查是帮助法官答疑解惑的关键环节。

法官的问题，一般自己已经查证过，可能还存在与事实串联不起来的困惑，因此，我们回答问题的时候，知之为知之，不知为不知，千万不要杜撰事实，让法官产生反感。自己确实不清楚或者无法回应的问题，要恳请法庭允许庭后以书面形式提交。

我们必须要听懂法官问题背后的真正原因，就着那个原因进行回应，千万不能含糊应对或者无视法官的问题。对于法官询问过的问题，我们还要记录下来，在法庭辩论阶段、最后陈词阶段，进行重点补充说明。庭审结束后，针对这些发问，我们在起草代理词的时候，要注重进行充分论证，并附上法条依据和判例一并提交给法院，帮助法官厘清问题。

法庭调查环节，最高级的方式，是让法官自己论证自己的观点。给辛普森案、克林顿案代理的美国著名辩护律师艾伦·德肖维茨认为，不要让陪审团认为你在试图说服他们接受什么，要让他们得出你想要的结论，这个结论被称为“啊哈理论”。在日常交流中，如果有人说啊哈，其背后的含义往往是恍然大悟，“原来是这样呀”。所以，“啊哈理论”实质是律师与法官之间的一种互动策略。律师通过证据事实的层层推进，循循善诱地让法官自己得出有利于律师的结论。换句话说，不是将自己的观点强行灌输给法官，而是让法官自己形成该观点。借助这样一个过程，法官也会更加坚持自己的观点，而不会轻易受到其他观点的影响。如果你只是在竭力兜售自己的观点，法官也许只是在法庭上点头示意，骨子里还是会有自己不同的想法。

（三）法庭辩论

经过法庭调查，法官会初步总结本案的争议焦点，征询原被告双方的意见。之后，双方应围绕着争议焦点展开有针对性的辩论。

如果我们不同意法官总结的争议焦点，就应该尽量沟通变更。变更不成，就应当细化争议焦点，让细化后的内容与我们想要论证的事项有所关联；变更成功，就应该围绕争议焦点，结合之前法官所提问题进行阐述。

如果双方有多轮交锋，我们要避免辩论偏离了法庭关注的焦点，或者避免被对方带偏。语言表达要更加精练，重复的话不要再说，充分利用好每一次发言机会，在法官的脑海中植入我们的观点。同时保持理智，不要被对方激怒而迷失方向。

（四）最后陈述

一场战争，如果交战双方的水平不相上下，那么最后的陈述可能是影响胜利的关键因素。最后陈述千万不要机械重复自己的观点，也不要长篇大论、套话、废话一堆，让人昏昏欲睡。要围绕争议焦点，总结抗辩结论，概括我方有利的论点，以阐述观点、反驳对方、先破后立（或者先立后破）的方式，影响法官的自由心证。

（五）慎言谨行

出庭时，律师除了不能盲目自认，还要注意尊重法庭、尊重对方律师。

2019 年《最高人民法院关于民事诉讼证据的若干规定》第 5 条第 1 款明确规定，当事人委托诉讼代理人参加诉讼的，除授权委托书明确排除的事项外，诉讼代理人的自认视为当事人的自认。这个规定提醒我们，开庭前律师必须根据不同的授权做好相应的防范。如果是一般授权，律师应当清楚对于哪些案件事实是无权确认的。如果是特别授权，律师一定不能乱说话，除非这个事实已经在庭下跟当事人核实好几次了。否则，我们还是最好回复，“不清楚，需要与委托人确认”。庭审中，对于自己不利的，不清楚就是最好的回答。这样既可以赢得时间庭后核实，还能得到当事人认可，最重要的是能防范自己的执业风险。

曾经有一个合作案件，因为案件标的大、案情复杂，客户聘请了 2 个律师团队。我们出庭时，发现法官对于土地规划的专业术语不熟悉，而且还有意无意地偏袒对方，合作律师着急起来，居然对法官说：“这些都是常识，您都不懂？”法官顿时恼羞成怒，继而打断律师说："重复的就不要再说了。"几个回合下来，我们的合作律师基本没有了发言空间。这就是不尊重法官的后果。正确的方式是，如果本案争议焦点很专业，律师应该通过事先检索主审法官的判决书、庭审视频、专业文章确认法官的专业范围，提前把生僻知识点转化成大白话、耳熟能详的例子或者可视化图表，这样就能在开庭时达到说服法官的效果。

另一次开庭，在经过激烈抗辩后，对方聘请的外地律师败下阵来。签庭审笔录时，这位律师冲着我们说："哼，强龙斗不过地头蛇!"我们团队的年轻律师马上回击："哼，你是强龙，我们不是地头蛇!"双方律师开始吵起来，从法律上争辩转成人身攻击，这让法官、当事人感觉到不专业，不符合律师的身份，所以我们要尊重对方律师，让庭审在理性的环境下完成。

（六）庭审笔录

庭审结束后，法庭会组织律师签笔录，这是固定事实的书面材料，一定要认真谨慎地查对。千万不能仅仅修改错别字，而应从完整性、准确性等方面认真检查我方陈述的观点。如果发现自己的观点有遗漏的，就要在庭后代理词中补充提交。

三、庭后汇报和复盘

庭审结束，我们必须撰写开庭通报，向客户充分汇报庭审情况，特别是公司客户。法务部工作人员也需要向老板汇报出庭情况，我们的庭审提纲可以协助法务人员的报告工作。

律师应当结合庭审情况继续补充、完善代理词，查漏补缺庭审中的事实和观点，经过客户审核后提交给法官。法官在庭上提及的要求庭后补交的材料，也要尽快提交。

团队和自己也要对本案庭审情况进行复盘，哪些地方做得不好、哪些地方有改善空间、哪些地方比之前有进步，要从自己的工作不足中一点一点改进，日积跬步才能至千里。我们之所以能够在法庭上能言善辩、口齿伶俐、追逐正义，那是在背后苦练了基本功。

“以正合、以奇胜。”成功的第一要素是要走正道，不要老想着出奇制胜。这里的走正道，其实就是用笨方法，把所有卷宗都放在你面前，一本一本看完，不放过任何一个细节。以我们办理的一件债权转让案件为例，涉及金额7亿多元，有一期工程款、二期工程款、其他项目的扶贫补助款，有总项目的银行贷款，有搬迁费、补助费等。所涉案件时间跨度长达6年，双方都没有对账，而且对工程款是否应该由一方支付产生较大分歧。案件代理后，客户公司的总会计师抱过来一麻袋票据，说公司年底太忙，要计算全年账目，这些陈芝麻烂谷子的票据，就麻烦你们律师查清了。看到这一堆的财务凭证，我们立刻安排了8位律师，用了一周的时间，一一记录、一一对应，对应不上的，逐一标注。8位律师用各种数学公式，不仅把我们自己的账对清了，也把对方趁机滥竽充数的金额搞清楚了——哪些金额是缺失的、哪些金额不是本项目的、哪些金额是需要对方举证的。开庭时，对方律师说，法官也不用申请司法审计了，双方的账目根本查不清。我们立马回击，你们的项目查不清，我们的查得清。于是在法庭上，我们通过 Excel 表格把所有账目全部展示，让法官清晰地看到了对方胡乱塞进来的票证。

所以，我认为，只有把所有的细节都捋一遍，把别人都不愿意干的活都干完后，才能真正比别人有底气。例如，案件事实你比当事人还清楚、比法官掌握得还要详细，那么，你当庭说出一个法官没有想到的观点时，法官是不会打断的。只有在这种情况下，律师才有可能去引导庭审，才有可能影响法官的自由心证。

四、检验可视化图表是否实用的方法

1. **拿着图能否讲出故事？**从图上可以看出我们的观点是什么？观点在图的哪个部位？对应的证据是几？图例的绿色代表什么观点？蓝色代表什么观点？

2. **3 分钟内能否说完这个故事？**因为生物学研究表明，人的注意力只有 3 分钟。例如，开庭陈述，你啰嗦了 20 分钟，法官的注意力一旦飘走，就再也回不来了。最高人民法院原法官姜强写的一篇文章——《开庭陈述：三分钟让法官理解你的主张》，就告诉我们如何用 3 分钟的时间，把你的观点讲完，超过 3 分钟的内容，法官也不想听。每次在做完图后，我就找身边的同事帮忙，让他看看我的图表、听听我的 3 分钟故事。讲述完案情后，我就问他，你听懂了吗？这个图你看懂了吗？你能看出什么问题吗？如果他真能从这张图中发现问题，你就成功了。此外，我与同事讨论的时候，就会发现，我当时觉得同事提出的这个点不重要，画图时就删掉了。

经过讨论，这个事实是缺失的，我就把它赶快补回来。这样一个加和减的过程，就是由你修改完善的过程。

有时回老家，我也抓着父母说案情，等我说完，他们就判断说，这个公司理亏，那我就成功了。因为每个人都会先作价值判断，你通过图表能让一个对法律不熟悉的人作出基础的价值判断，法官可能心中隐隐也会产生这样的感觉，这就是影响自由心证的地方。用图表去沟通，会更容易。如果讲到一半，他们已经睡着了，就说明我的陈述太啰嗦。使用3分钟原则来检验自己的图表，多的删掉、少的加入。2—3轮之后，我们的图表就会变得非常完善。

3. **细节攻破案件**。俗话说，伤其十指，不如断其一指。当你抓住一个逆转诉讼的细节时，要在法庭上对着图表多次重复，并提醒法官、引导法官去关注这个点。特别是在法庭上唇枪舌剑时，一定要单点突破，只要攻破这个点，整个案件就能出现转机。

例如，在开庭前，我会把自己做的庭审提纲提交法庭。开庭陈述时，我就会用3分钟的时间，把本案几大争议问题说出来。我们的第一个观点是什么？第二、第三、第四个观点分别是什么？交代完核心观点，其实就相当于帮助合议庭总结了争议焦点。

又如，我的庭审提纲会用思维导图，导图的模型是一级内容：争议焦点一、争议焦点二、争议焦点三。二级内容：有利观点、不利观点。三级内容：有利观点的证据、法律依据、判例。不利观点的证据、法律依据、判例。庭审过程，我都在庭审提纲上勾画和做记号。对方的提问、新观点、法官的提问、法官关注的点、庭后被要求提交的问题，都一一速记。方便在法官提问的时候、对方律师带偏法官的时候，迅速找到相关的案件事实、法律依据、判例进行应对。特别是最后陈述时，展开思维导图，就一目了然，哪些观点已经重点打过、哪些忘记说了，赶快趁着最后的机会，迅速补充到位。

作为我一直在精进的律师技能——诉讼可视化图表，是我最喜欢的案件事实表达方式。为了能学会、学好、制作出有设计感的图表，我专门学习了素描、油画、水彩画，让客户或法官看到这张图的时候，就能对我的专业度增加一分的信任。这是我们青年律师可以获得客户信任、缩小与资深律师差距的一个关键点。

第二十五章　如何打好一场行政诉讼

一直以来，律师们总在慨叹，打行政诉讼有点难，常常不知道从哪里找到突破点。当然，也正是因为这种心结，导致大多数律师对行政诉讼敬而远之。实践出真知。越是对行政诉讼有畏难情绪，采取能绕开尽量绕开的“鸵鸟”策略，越是在代理行政诉讼中无法取得突破。青年律师从主办律师那里得到的有关行政诉讼的信息和印象大抵也是如此。受这种情绪的传染，青年律师对行政诉讼也是敬而远之。实际上，有效利用行政诉讼救济途径，借力行政机关的管理职权，能够极大地提高当事人维护合法权益的效率。例如，在民事相邻权诉讼中，如果被告的建筑物涉嫌违法建设，原告就可以向行政机关投诉，对投诉处理不服则可以积极提起行政诉讼，通过行政诉讼推动行政机关依法履行查处违法建设的行政职责，实现原告相邻权民事诉讼胜诉的目的。那么，青年律师如何才能打一场漂亮的行政诉讼呢？根据我们复杂土地争议行民交叉诉讼团队多年的经验，应当重点从主体认定、起诉期限、认定事实、适用法律、行政程序、社会影响等“六大要件”去解剖一场行政诉讼。

一、主体认定

行政诉讼中的主体认定，包括原告资格和被告主体的认定。

根据《中华人民共和国行政诉讼法》第 2 条[①]的规定，行政诉讼原告资格的认定，关键在于被诉行政机关或者公务人员的行为是否影响了原告的合法权益，原告和被诉行政行为是否具有法律上的利害关系。通俗地讲，就是被诉行政机关的行为是否造成了原告合法权益的损害。这种损害既可能是原告原有的合法权益被减损，如原告受到行政机关的行政处罚，造成原告的人身权益或者财产权益受损；也可能是原告依法本应当得到的权利而未能取得，如原告向行政机关申请颁发营业执照，行政机关不作为造成原告应当取得而未取得营业执照以致无法开展经营活动；还可能是行政机关赋予其他人相关的权利，却影响了原告的合法权益，如行政机关在行政许可中准予他人某项许可，限制和影响了原告的公平竞争权等。

被告主体资格的认定，是指原告在提起行政诉讼时应当找准被告。如果原告起诉指向的被告行政机关是错误的，就可能被人民法院驳回起诉。一般情况下，确定被告把握“谁行为谁当被告”的原则。即哪个行政机关作出了影响原告合法权益的行政行为，哪个行

---

① 《中华人民共和国行政诉讼法》第 2 条第 1 款规定：公民、法人或者其他组织认为行政机关和行政机关工作人员的行政行为侵犯其合法权益，有权依照本法向人民法院提起诉讼。

政机关应当作为被告。[1] 法律、法规、规章或者政府都可能授权具体的职能部门作出相应的行政行为。例如，征收社会保险费的行政主体可能是人社部门或者税务部门，需要根据各地政府的执法体制改革状况确定。不同行政机关还可能出现委托执法的情形，此时确定被告应当以委托机关为被告，受托机关也可以列为第三人。当行政诉讼的被告不明的情况下，可通过推定来确定行政诉讼的被告。例如，在行政强制拆除的诉讼中，原告有时没办法搞清楚究竟是哪个行政机关实施拆除的，就可以通过收集证据查明拆除前是否有行政机关作出过责令改正、征收公告或者收回土地等前置行为，推定作出前置行为的主体为实施强制拆除行为的被告。

二、起诉期限

诉讼的双方主体找准了，是否就可以到人民法院成功立案呢?还需要把握起诉期限问题。

行政诉讼的起诉期限和民事诉讼的诉讼时效有异曲同工之处，但又不尽相同。一是设置目的相同。均是为了督促原告积极行使诉权，“法律不保护在权利上睡觉的人”。二是产生的影响不同。民事诉讼中原告的起诉如果已经超过时效，被告不提出异议的，人民法院不主动审查，而且时效问题只是影响原告的起诉是否能够胜诉。行政诉讼中的起诉期限则不同，如果行政诉讼中原告的起诉超过起诉期限，人民法院对于原告的起诉即不予立案或者驳回起诉。虽然

① 行政职权的行使尚存在授权、委托、推定等多种复杂的情形，应当承担责任的主体需要根据实际情况做出判断。

根据《最高人民法院关于行政诉讼证据若干问题的规定》第4条第3款“被告认为原告起诉超过法定期限的，由被告承担举证责任”的规定，似乎人民法院对于原告的起诉是否超过起诉期限不会主动审查，但行政诉讼实践中，人民法院一律采取主动审查，而不取决于被告是否举证。

结合《中华人民共和国行政诉讼法》以及《最高人民法院关于适用〈中华人民共和国行政诉讼法〉的解释》中有关行政诉讼起诉期限的规定，目前行政诉讼的起诉期限主要有三种规定。第一种是6个月的期限，适用于行政机关作出行政行为时，明确告知了原告享有的诉权和诉期情形，起诉期限从原告知道或应当知道被告作出行政行为之日起算；第二种是1年的起诉期限，适用于被告作出行政行为时，未告知原告诉权和诉期的情形，起诉期限从原告知道或应当知道被告作出行政行为的内容之日起算，但从知道或者应当知道行政行为内容之日起最长不得超过1年；第三种是最长起诉期限的规定，原告不知道被告作出的行政行为，但从被告作出行政行为之日起5年后，涉及不动产的20年后，原告才提起诉讼的，人民法院不再受理原告的起诉。

除了典型的有关起诉期限的规定之外，还有一些特殊情形的起诉期限的规定同样需要青年律师掌握和牢记。（1）经过复议的案件，原告应当自收到行政复议决定书之日起15日即提起诉讼；（2）针对被告的不作为行为提起诉讼，原告自提出申请之日起2个月后，被告未作出行政行为的，原告可以在6个月内提起诉讼；（3）其他法律有关起诉期限的规定不同于行政诉讼法规定的，按照其他法律的规定执行，如针对行政机关作出的土地权属纠纷处理决定不服提起诉讼的，应当按照《中华人民共和国土地管理法》第14条第3款“当事人对有关人民政府的处理决定不服的，可以自接到处理决定通知之日起三十日内，向人民法院起诉”的规定，在30日内及时提起诉讼。

三、认定事实

行政诉讼中的认定事实，是指人民法院对被告行政机关在行政管理过程中作出的行政行为所依据的事实是否清楚、证据是否充分的查实过程。

行政诉讼中的事实认定虽然重点在于查证事实是否清楚，但和案件的客观事实仍可能存在不一致。因为行政诉讼中的事实认定，只是对反映行政机关对特定对象作出的行政行为的证据进行分析判断之后推定的案件事实。就理想的角度而言，证据充分的诉讼事实认定可能最大限度地接近客观事实，避免对原告的合法权益造成不公正的待遇，但毕竟属于通过证据再现的事实，不可能完全再现客观事实。因此，在诉讼中，常见代理原告的律师根据自己对案件事实的判断，在诉讼中一再坚持自己的观点，但如果不能提交证据证明自己的主张，一味地坚持也于事无补。

不同类型案件中，行政诉讼认定事实的重点不同。行政处罚案件中，案件事实认定的重点是原告是否实施违法行为；行政许可案件中，案件事实认定的重点是原告的申请是否符合法定条件；行政强制案件中，案件事实认定的重点是采取行政强制措施是否必须，以及实施行政强制是否条件成熟；行政征收案件中，案件事实认定的重点是补偿标准和原告财产状况是否查明；政府信息公开案件中，案件事实认定的重点是原告提出的申请是否清楚，以及被告是否掌握该项政府信息等。

行政诉讼中的事实认定的要素包括哪些呢？如何判断案件的事实认定是否达到了事实清楚的裁判标准呢？

任何一个案件中，案件事实和法律条款以及裁判结论有固定的逻辑结构，行政诉讼当然也不例外。其中案件事实属于大前提，法律条款属于小前提，裁判结果则属于结论。法律条款由行为模式、假定条件、法律后果组成，具有确定性。法官如果要根据案件事实选择适用法律，就必须确保案件的事实认定和法律条款的假定条件是相符的，所以在个案中，法律条款中假定条件的要素，就是行政诉讼案件认定事实的必要内容。例如，原告存在盗窃的违法行为，被公安机关适用《中华人民共和国治安管理处罚法》第 49 条的规定，处以 15 日行政拘留。如果原告不服提起诉讼，人民法院对被告认定的事实进行审查时，就会结合被告适用的《中华人民共和国治安管理处罚法》第 49 条中的假定条件。该条款规定，“盗窃、诈骗、哄抢、抢夺、敲诈勒索或者故意损毁公私财物的，处五日以上十日以下拘留，可以并处五百元以下罚款；情节较重的，处十日以上十五日以下拘留，可以并处一千元以下罚款”。公安机关在该案中对原告处以 15 日拘留，适用该处罚种类和幅度的假定条件是，原告存在盗窃行为，且情节较重。该案的认定事实就必须同时包含“盗窃 + 情节严重”的要素，缺失任何一个要素，都属于认定事实不清。代理律师针对该案的事实认定提出质疑，就必须焦点集中，针对被告认定原告存在盗窃行为且情节严重，是否有充分的证据证明。在盗窃的行政处罚个案中，偶见代理律师提出原告生活困难、临时起意才顺手牵羊等诉讼理由，一般不会对案件的事实认定构成有效的反驳。

四、适用法律

行政诉讼中的适用法律，是指行政机关对行政行为援引适用的法律条款是否正确。

行政诉讼中的法律适用和民事诉讼中的法律适用不同。民事诉讼中，律师基本上不会对法律条款的效力提出质疑，但行政诉讼中，律师就需要绷紧规范性文件是否有效的弦。因为行政诉讼中，行政机关适用的规范性文件除了法律法规以外，还会适用规章等其他规范性文件，而这些规范性文件绝大多数都是行政机关自行制定的，而且制定程序比较粗放，无法避免个别规范性文件存在部门保护或者地方保护的倾向。

如何在行政诉讼中高效地对适用法律提出质疑？

第一，清晰地认识法律条款的效力位阶。根据《中华人民共和国行政诉讼法》第63条“人民法院审理行政案件，以法律和行政法规、地方性法规为依据。……人民法院审理民族自治地方的行政案件，并以该民族自治地方的自治条例和单行条例为依据。人民法院审理行政案件，参照规章”的规定，以及《最高人民法院关于适用〈中华人民共和国行政诉讼法〉的解释》第100条“人民法院审理行政案件，适用最高人民法院司法解释的，应当在裁判文书中援引。人民法院审理行政案件，可以在裁判文书中引用合法有效的规章及其他规范性文件”的规定，行政诉讼中可能用到的法律规范包括法律、法规、规章、司法解释等规范性文件。① 代理行政诉讼案件时，如果律师发现行政机关适用的法律规范和上位法存在抵触或者冲突，应当提出反驳意见。如果律师发现行政机关适用的规范性文件和上位法存在冲突的，可以在针对具体的行政行为提起诉讼的同时，一并就该行政行为所依据的规范性文件，向人民法院提出附带性审查的请求（不能单独提出）。附带性审查的法律规范仅限于其他规范性文件，其余的法律规范均不能进入附带性审查的范围。

第二，清晰地认识新旧法律的适用规则。在具体的案件中，如果行政机关作出的行政行为或者原告的违法行为，在时间跨度上恰巧遇到新旧法律规范更替情形的，代理律师还必须熟悉行政诉讼涉及新旧法律适用的两条“铁律”。一是“实体从旧，程序从新”。即涉及当事人实体权利义务的认定，应当以当时的法律规范作为判断标准，涉及行政程序性的事项，可以适用最新的法律规范。例如，被告行政机关认为原告未经许可擅自修建建筑物，行政机关对

---

① 法律是指全国人大及其常委会制定并颁布的法律规范。法规包括行政法规和地方性法规，行政法规是指国务院制定并颁布的法律规范，地方性法规是指省或设区的市级人大及其常委会制定发布的法律规范。规章包括部门规章和地方政府规章，部门规章是指国务院各部门制定发布的法律规范，地方政府规章是指省或设区的市级政府制定发布的法律规范。司法解释是指最高人民法院针对具体的法律条文的适用作出的解释性文件。其他规范性文件主要指从国务院到各地市政府制定发布，无须严格立法程序，可以作为管理依据的文件（严格来讲，规范性文件的制定并不属于立法的范畴）。这些法律规范按照法律、法规、规章、其他规范性文件的位阶排列，司法解释具有单独的效力。

原告的建筑物是否属于违法建设的判断应当适用原告建设行为发生时的实体规范予以认定。被告行政机关处置违法建设的程序规范，可以适用《中华人民共和国行政强制法》作出处理。二是“从旧兼从轻”。即新旧法律规范针对原告违法行为的处理均有相应的规定，一般情况下应当适用原告行为时的法律规范，但如果新法科以原告的法律责任更轻，则应当适用新法对原告作出处理。

熟悉行政诉讼适用的法律规范的位阶，并且掌握新旧法适用的规律，是律师代理行政诉讼针对适用法律能够提出有效反驳或答辩意见的基础，青年律师一定要烂熟于胸。

五、行政程序

行政程序是指行政机关作出行政行为必须遵守的步骤、次序和方式。

法谚有云，“行政即程序”。行政诉讼的实质是司法权对行政权的监督，但行政权和司法权同样属于国家权力的一种。所以有学说认为，司法权不能够监督行政权的实质，即司法权无权监督行政权实际上如何决策运行，司法权可以监督的只是行政权的运用是否遵守了法定的程序。理想状况下，严格遵循了行政程序的行政管理行为，即属于合法的行政行为，因此，行政程序对于行政行为的合法性审查有重要的意义。

我国目前并没有统一的行政程序法，行政机关在执法中需要遵守的行政程序散见于一些实体法的规范中，或者说这些实体法兼具程序法的功能。其中，涉及行政处罚须遵循《中华人民共和国行政处罚法》的相关程序规定，涉及行政许可须遵循《中华人民共和国行政许可法》的相关程序规定，涉及政府信息公开须遵循《中华人民共和国政府信息公开条例》的相关程序规定，涉及行政强制须遵循《中华人民共和国行政强制法》的相关程序规定，涉及房屋征收补偿须遵循《国有土地上房屋征收与补偿条例》的相关程序规定。没有制定实体法的执法领域，行政机关会参照相近领域的实体法中相关程序规定。

人民法院依法审查违反法定行政程序的行政行为，如果程序违法轻微的，将判决确认违法；如果程序违法严重的，可能撤销被诉行政行为要求行政机关重新处理；如果行政行为程序违法造成原告合法权益损失的，人民法院将判决予以赔偿。例如，行政机关责令原告限期拆除违法建筑，但如果行政机关违反法定程序，在限定原告自行拆除的期限未满的情况下实施强制拆除行为，就会造成可能有继续利用价值的建筑材料的残值损毁，被告行政机关就应当承担赔偿责任。

除了参照法定的行政程序之外，在没有程序法依据的其他行政执法领域，行政机关仍应当遵循正当程序原则。正当程序原则是指“对他人作出不利行为要事先告知、说明理由和听取申辩”，通俗来讲，就是行政机关作出一个影响相对人权益的行政行为时，必须事先给予相对人陈述申辩的机会，听取相对人的意见。违背正当程序原则的行政行为，人民法院一般会判决撤销。代理行政诉讼案件时，代理律师要善于援引正当程序原则，保护委托人的知情权和陈述申辩权，通过行政程序的反驳实现撤销被诉行政行为，保护委托人合法权益的诉讼目标。

六、社会影响

行政诉讼必须考虑案件的社会影响。这并不是说行政诉讼可能受到法外因素的影响，而是因为行政诉讼案件的确有特殊性。行政诉讼案件往往看上去属于个案，实际上并不是一个单纯的点，而是涉及面上的问题。例如，在征收补偿安置类案件中，原告针对征收补偿标准提出的质疑，看似是个人为了获得公平补偿寻求救济，实际上涉及整个征收范围内的被征收人的权益。一项征收工作已近尾声，绝大多数被征收人已经签署了征收补偿安置协议的情况下，个案中的原告再去挑战征收补偿标准，效果可想而知。代理行政诉讼案件的律师，需要有大局观、整体观，才能准确制定诉讼策略，经济利用诉讼手段，帮助委托人获取最大可能的效益，而不是眉毛胡子一把抓。

首先，行政诉讼案件的处理需要考虑和案件相关的、潜在的利害关系人。行政机关的管理行为，往往涉及一定范围内的多数个体，尤其是授益性行政行为，例如，社会保险类行政行为、征收补偿类行政行为、行政救助补助类行政行为。在具体的案件中体现为对原告利益的诉讼保护，但案件中涉及的社会福利标准会牵涉有时甚至难以计数的潜在的利害关系人的利益。行政机关在实施行政管理时不得不周全考虑，人民法院在诉讼中当然也不能就事论事。

其次，行政案件的处理需要考虑的是行政机关管理的惯例。行政机关的管理具有日常性和连续性的特征，长期以来形成的管理模式就形成了行政惯例，除非是法律法规的修改导致行政惯例的改变。个案中，行政诉讼的原告针对被诉行政行为的合法性提出质疑，如果该行政行为的实施遵循了行政惯例，代理律师就需要调整诉讼策略，避免随意挑战行政惯例。例如，尽管《中华人民共和国道路交通安全法》规定，交通警察对于违章停车的违法行为处罚前，应当先提示司机驾车驶离，如果司机拒不驶离的，交通监察将对司机处以罚款及扣分的处理，但如果违章停车被监控探头拍摄到的，交通警察将按照行政惯例直接实施处罚。如果原告在交通行政处罚案件中认为，交通警察对于监控拍摄到的违章停车行为，也应当履行事先提示驶离的程序，就属于推翻行政惯例的诉讼理由，难以获得人民法院的支持。

最后，行政案件的处理需要考虑国库财产的支出。行政补偿和赔偿类案件中，补偿款和赔偿款均从国库财产支出。国库财产是全社会财富的积累，也是全民利益和福利的保障。国库财产需要用来服务于广大人民群众，但个案中的补偿和赔偿则属于针对单独主体的个别支出，是出于补偿或赔偿的目的不得已而为之。这就决定了国库财产在个案中的支出应当本着尽可能节约利用的原则。例如，《中华人民共和国国家赔偿法》中规定国家赔偿的原则是适当赔偿，仅限于赔偿原告的直接损失，而对于原告请求的预期利益损失是不予赔偿的。同时，只要原告的损失可以通过其他途径得到弥补的，就不得随意动用国库财产。

青年律师了解了行政诉讼案件的特殊性，看透行政诉讼个案背后的规律和特性，知晓代理行政诉讼案件时必须注意案件的社会影响，就不会在个案中钻牛角尖，尽快找到破解所谓行政诉讼案件“难打”的魔咒，步入行政诉讼业务的蓝海。